AF731779

Das bayerische Gesetz

betreffend die

Zwangserziehung

vom 10. Mai 1902

nebst den Ausführungsbestimmungen.

Mit Einleitung, Erläuterungen und Sachregister

von

Th. von der Pfordten

K. Amtsrichter in München.

München 1902

J. Schweitzer Verlag (Arthur Sellier).

K. B. Hof- & Universitäts-Buchdruckerei Fr. Junge (Junge & Sohn) Erlangen.

Inhaltsverzeichnis.

Verzeichnis der Abkürzungen.

B.G.B.	=	Bürgerliches Gesetzbuch.
G.F.G.	=	Reichsgesetz über die Angelegenheiten der freiwilligen Gerichtsbarkeit.
A.G.	=	Ausführungsgesetz.
E.G.	=	Einführungsgesetz.
Str.G.B.	=	Strafgesetzbuch.
C.P.O.	=	Civilprozeßordnung.
G.V.G.	=	Gerichtsverfassungsgesetz.
G.O.	=	Gemeindeordnung.
A.V.	=	Ausführungsvorschriften.
J.M.Bl.	=	Justizministerialblatt.

Einleitung.

1. Begriff und Arten der Zwangserziehung im allgemeinen.

a) Unter Zwangserziehung im weitesten Sinne versteht man einen Eingriff des Staates in das den Eltern oder den sonst zur Erziehung von Minderjährigen berufenen Personen zustehende Recht der Fürsorge für die Person des Zöglings. Sie besteht in einer völligen oder teilweisen Aufhebung des Rechtes zur Bestimmung über den Aufenthalt, die Unterbringung, die Ausbildung, die Art der Verpflegung und Versorgung des Minderjährigen.

Die Formen, in denen der Staat solche Maßregeln ausübt und das Verfahren, in dem er sie vorbereitet, anordnet und durchführt, können sehr verschiedener Art sein, und die neuere Rechtsentwickelung zeigt sehr mannigfache Gebilde auf diesem Gebiete des Rechtslebens und eine bunte Vielfältigkeit der staatlichen Organe, die zur Mitwirkung bei der Zwangserziehung berufen sind. Die nähere Betrachtung zeigt drei vorwiegende Formen des staatlichen Vorgehens gegen Mißstände in der Erziehung der Jugend.

1. Am häufigsten wird sich die Regelung der Zwangserziehung darstellen als ein Zweig der vom Staate geübten Fürsorge für Minderjährige auf dem Gebiete des Vormundschaftswesens in den Formen der freiwilligen Gerichtsbarkeit. Die Aufsicht, die der Vormundschaftsrichter über die Thätigkeit der Eltern und sonstigen Erzieher führt, findet dann ihren schärfsten Ausdruck in seiner Befugnis, das Fürsorgerecht ganz oder teilweise zu entziehen und durch eigene Entschließung die Verhältnisse des Pflegebefohlenen zu regeln.

2. Auch gelegentlich der Ausübung der Strafgerichtsbarkeit kann der Staat in das Erziehungswesen eingreifen. Die Anordnung der Zwangserziehung erscheint dann als Nebenstrafe

oder als ein Ersatz der Strafe in Fällen, in denen nach der Anschauung des Gesetzgebers die strafrechtliche Ahndung nicht als angezeigt erscheint, oder auch als eine Verwaltungsmaßregel, deren Zulässigkeit im Strafverfahren ausgesprochen wird.

3. Seltener findet sich die Zwangserziehung als eine rein polizeiliche Maßregel, die von den Verwaltungsbehörden gelegentlich der Ausübung der Sicherheits- und Sittenpolizei, oder der Beaufsichtigung des Armenwesens getroffen wird.

In der neueren Gesetzgebung des Reichs und der Einzelstaaten erscheinen diese drei Formen in einer nicht immer leicht zu sichtenden Vermengung und vor allem in Bayern hat die gesetzliche Regelung keineswegs eine einheitliche Entwickelung genommen. Der Ueberblick über den ganzen Rechtszustand zeigt uns ein nichts weniger als einfaches Bild.

b) Unter Zwangserziehung im engeren Sinne versteht man diejenige Art des staatlichen Einschreitens, bei welcher zur Durchführung der Zwangserziehung die öffentlichen Mittel in Anspruch genommen werden und ein Zurückgreifen auf das Vermögen des Minderjährigen und der zu seinem Unterhalt verpflichteten Personen nur erfolgt, um einen Ersatz der staatlichen oder gemeindlichen Aufwendungen herbeizuführen. Diesen Sinn verbindet auch das bayerische Gesetz mit dem Begriffe der Zwangserziehung und es befaßt sich mit der Regelung des Stoffes nur für den Fall, daß die Erziehung auf öffentliche Kosten erfolgt.

2. Bestimmungen in älteren Rechten.

1. Das römische Recht kannte eine Entziehung der väterlichen Gewalt durch den Staat zwecks Schutzes der Minderjährigen gegen Verwahrlosung und Mißbrauch der Elternrechte nicht, doch fehlt es nicht an Ansätzen zu einer Einschränkung des elterlichen Erziehungsrechts unter besonderen Umständen. So wird der Mutter, bei der sich der Sohn aufhält, gegenüber der Klage des Vaters auf Herausgabe eine Einrede gewährt, wenn es aus besonderen Gründen (ex iustissima causa) angezeigt erscheint, daß das Kind bei ihr verbleibt, z. B. wegen der Nichtsnutzigkeit des Vaters (propter nequitiam patris, s. l. 1 § 3, l. 3 § 5 D. de liberis exhibendis XLIII, 30). Der Vater, der den Sohn übermäßig schlecht behandelt, unterliegt rechtlichen Nachteilen (l. 5 D. si a parente XXXVII, 31). Eine einheitliche Norm fehlt.

2. Das bayerische Landrecht bestimmt in Teil I, Kap. V. § 7 Nr. 2, daß die väterliche Gewalt durch schweren Mißbrauch aufhören soll, z. B. durch Grausamkeit, Exposition und Hinlegung der Kinder, durch ihre Verführung oder Verkuppelung. Einer besonderen Entziehung durch obrigkeitliches Einschreiten bedarf es in einem solchen Falle nicht, die Beendigung des Rechtes tritt kraft Gesetzes ein; dieses lebt auch später nicht wieder auf (Nr. 7 a. a. O.).

3. Ein Vorgehen des Vormundschaftsgerichts gegen die Eltern kennt das preußische Landrecht (Teil II, Titel 2, §§ 90, 91, 98, 99, 266). Wenn die Eltern ihre Kinder grausam mißhandeln, die Erziehung vernachlässigen, die Kinder zum Bösen verleiten oder ihnen den notdürftigen Unterhalt versagen, so hat das Vormundschaftsgericht sich der Kinder von Amtswegen anzunehmen und den Eltern je nach Befund der Umstände die Erziehung abzunehmen, um sie auf ihre Kosten anderen zuverlässigen Personen anzuvertrauen. Sind die Eltern geschieden worden und besteht in der Richtung gegen beide Eheteile die Besorgnis, daß sie die Erziehung der Kinder vernachlässigen oder schlecht durchführen werden, so hat der den Kindern bestellte Kurator wegen deren Erziehung an einem dritten Orte Vorschläge zu machen und der Richter hat alsdann das Nötige von Amtswegen anzuordnen.

Auch gegen Mißgriffe des Vaters bei einer Berufswahl für das Kind gewährt das preußische Landrecht Schutz (a. a. O. §§ 109 bis 117).

4. Der Code civil enthält keine Bestimmungen über das Vorgehen gegen mißbräuchliche Anwendung des elterlichen Erziehungsrechts, dagegen finden sich solche im württembergischen Landrecht, IV, 11 § 2, im sächsischen Gesetzbuch § 1803, im österreichischen Gesetzbuch §§ 177, 178. Der Code penal von 1810 war bahnbrechend für die im folgenden zu schildernde Entwickelung des neuen Rechts.

3. Die Rechtsentwickelung in Bayern und im Reiche bis zum Erlasse des B.G.B.

Die erste einheitliche Bestimmung über Zwangserziehung für das ganze Königreich Bayern findet sich in Art. 76 des bayerischen Strafgesetzbuchs vom 10. November 1861. Dort wurde bestimmt, daß eine Person, die das 16. Lebensjahr noch nicht erreicht hat, dann straflos bleibe, wenn ihr die zur Unterscheidung der Strafbarkeit ihrer That erforderliche Ausbildung gefehlt habe. Mußte die Freisprechung oder die Einstellung des Verfahrens lediglich wegen des Mangels der erforderlichen Erkenntnis erfolgen und handelte es sich um eine vorsätzliche mit schwerer Strafe bedrohte That, so konnte in dem Erkenntnisse die Unterbringung in einer Erziehungsanstalt für verwahrloste jugendliche Personen angeordnet werden. Die Ausführung der Anordnung war Sache der Polizeibehörde; die Kreisverwaltungsstelle, in deren Bezirk der Thäter beheimatet war, erließ die Bestimmungen über die Dauer des Aufenthalts in der Anstalt, der sich nicht über das 18. Lebensjahr hinaus erstrecken durfte. Bei Ausländern war statt der Unterbringung in einer Anstalt die Ablieferung an ihre Obrigkeit anzuordnen und erst, wenn sich diese als unausführbar erwies, hatte die Polizeibehörde die Unterbringung zu verfügen. Die Kosten waren, soweit sie nicht aus dem Vermögen des Minderjährigen oder der unterhaltspflichtigen Verwandten bestritten werden konnten, von der Staatskasse zu tragen. Wurde eine noch nicht sechzehnjährige Person verurteilt und war es zulässig, als Folge der Bestrafung die Ermächtigung zur Verwahrung in einer Polizeianstalt auszusprechen, so hatte statt dieser Verwahrung die Verbringung in eine Erziehungsanstalt stattzufinden.

Das R.Str.G.B. und die Novelle hierzu vom 26. Februar 1876 führten in §§ 55, 56 einen Unterschied in der Behandlung der noch nicht zwölf Jahre alten, strafunmündigen, und der im Alter zwischen 12 und 18 Jahren stehenden, beschränkt strafmündigen Minderjährigen ein. Hinsichtlich der ersteren blieb es der Landesgesetzgebung überlassen, geeignete Erziehungsmaßregeln einzuführen, indem § 55 Abs. 2 Str.G.B. bestimmte, daß neben anderen landesgesetzlich zulässigen Beaufsichtigungs- und Erziehungsmitteln insbesondere die Unterbringung in einer Erziehungs- oder Besserungsanstalt erfolgen könne, wenn durch Beschluß des Vormundschaftsgerichts die Begehung der Handlung festgestellt und die Unterbringung für zulässig erklärt sei. Von der Möglichkeit, nunmehr landesgesetzliche Vorschriften der gedachten Art zu schaffen, hat Bayern keinen Gebrauch gemacht. Die gesetzgeberische Regelung der Zwangserziehung hinsichtlich der zweiten Gruppe Minderjähriger — der beschränkt Strafmündigen — nahm das R.Str.G.B. selbst in die Hand: es verordnete in § 56, daß bei Freisprechung einer solchen Person im Urteil zu bestimmen sei, ob sie ihrer Familie überwiesen oder in eine Erziehungs- oder Besserungsanstalt gebracht werden solle. Letzterenfalls solle die Anstaltserziehung so lange dauern, als es die vorgesetzte Verwaltungsbehörde für erforderlich erachte, keinesfalls aber über das vollendete 20. Lebensjahr hinaus. Die nötigen Ausführungsbestimmungen für Bayern sind in der M.E. vom 31. Dezember 1871 (J.M.Bl. 1872 S. 16) enthalten, die später einige Aenderungen erlitt, die hier nicht von Bedeutung sind. Als Verwaltungsbehörde, die über die Dauer der Unterbringung zu entscheiden habe, wurde die Kreisregierung, K. d. J., gewählt, in deren Bezirk sich die Anstalt befand, die Ausführung der Unterbringung wurde den Distriktspolizeibehörden übertragen. Ferner wurde ausgesprochen, daß die Kosten der Unterhaltung der Zöglinge in den Anstalten, soweit sie nicht aus dem Vermögen des Untergebrachten oder seiner unterhaltspflichtigen Verwandten bestritten werden könnten, der Staatskasse zur Last fallen sollten.

Der Rechtszustand änderte sich also nicht wesentlich gegenüber dem, der unter der Herrschaft des bayerischen Str.G.B. bestanden hatte, nur wurde die Möglichkeit der Zwangserziehung von Kindern unter 12 Jahren aufgehoben.

Erst beträchtlich später, mit dem Erlaß der Novelle zum Str.G.B. vom 25. Juni 1900 wurde die Möglichkeit der Anordnung von Erziehungsmaßregeln auch gegen schon bestrafte Minderjährige eingeführt. § 362 Str.G.B. gestattet jetzt, eine wegen gewerbsmäßiger Unzucht bestrafte Person, die durch gerichtliches Urteil der Landespolizeibehörde überwiesen ist, nach verbüßter Strafe in eine Besserungs- oder Erziehungsanstalt oder in ein Asyl zu verbringen, anstatt sie in ein Arbeitshaus einzuschaffen. Bei Personen, die zur Zeit der Begehung der That das 18. Lebensjahr noch nicht vollendet haben, ist die Verbringung in das Arbeitshaus überhaupt unzulässig.

Inzwischen war die bayerische Landesgesetzgebung auf den nicht vom Reichsrecht mit Beschlag belegten Gebieten nicht ganz unthätig geblieben. Art. 81 des P.Str.G.B. vom 26. Dezember 1871 — eine Nachbildung und Erweiterung des Art. 138 des P.Str.G.B. vom 10. November 1861 — bedroht denjenigen mit Strafe, der ihm anvertraute oder angehörige Kinder, Kranke, Gebrechliche, Blödsinnige, oder andere hilflose Personen in Bezug auf Schutz, Aufsicht, Verpflegung oder ärztlichen Beistand verwahrlost, und ermächtigt zugleich den Strafrichter, im Urteil auszusprechen, daß die Polizeibehörde ermächtigt sei, in anderer Weise für die Unterbringung der betreffenden Person auf Kosten des Pflichtigen — d. h. der zivilrechtlich unterhaltspflichtigen Personen oder der Armenpflege — zu sorgen. Zuständig zum Vorgehen auf Grund eines solchen Urteils ist die Distriktspolizeibehörde (§ 24 der Verordnung vom 4. Januar 1872).

Von geringerer Bedeutung ist eine Bestimmung in Art. 36 Abs. 3 des bayerischen Armengesetzes. Wird die Erziehung von Kindern, für die Unterstützung aus der Armenkasse gewährt ist, von den Eltern oder deren Stellvertretern offenbar vernachlässigt, so kann der Armenpflegschaftsrat den Fortbezug der Unterstützung davon abhängig machen, daß solche Kinder ihm zur besseren Unterbringung und Erziehung überlassen werden. Ein unmittelbarer Zwang kann nicht geübt werden.

4. Die Bestimmungen des bürgerlichen Gesetzbuchs und des Einführungsgesetzes zum bürgerlichen Gesetzbuch.

1. Während in der älteren Rechtsentwickelung die Zwangserziehung sich vorwiegend als polizeiliche Maßregel oder als Ersatz einer Strafe herausgebildet hatte, trat mit dem Erlasse des B.G.B. die andere, wichtigere Form wieder in den Vordergrund: die Zwangserziehung als Fürsorgemittel auf dem Gebiete des Vormundschaftswesens. §§ 1666 und 1838 B.G.B. enthalten die hier einschlägigen Vorschriften.

Ein Vorgehen gegen die Eltern, sei es nun, daß diesen die volle elterliche Gewalt über das Kind zusteht oder daß sie nur zur Sorge für dessen Person berufen sind, gestattet das B.G.B. nur unter der Voraussetzung, daß den Eltern ein Verschulden zur Last fällt und daß das schuldhafte Verhalten das geistige oder leibliche Wohl des Kindes gefährdet. Gefährdungen des Kindes für sich allein rechtfertigen ein Einschreiten des Vormundschaftsrichters nicht, ebensowenig Verfehlungen der Eltern, die für das Wohl des Kindes belanglos sind. Die Verschuldung der Eltern kann in einem Mißbrauch ihres Rechtes zur Fürsorge für die Person bestehen, z. B. in einer Ueberschreitung des Züchtigungsrechts oder in der Wahl eines ungeeigneten Aufenthaltsorts für das Kind, ferner in einer Vernachlässigung des Kindes in körperlicher oder sittlicher Beziehung, schließlich in einem ehrlosen oder unsittlichen Verhalten.

In welcher Weise der Richter einzuschreiten hat, ist seinem

Ermessen überlassen, doch empfiehlt das Gesetz als besonders durchgreifende Maßregeln die Unterbringung des Kindes zum Zwecke der Erziehung in einer geeigneten Familie oder in einer Erziehungs- oder Besserungsanstalt.

Eine freiere Stellung wird dem Vormundschaftsgerichte durch § 1838 B.G.B. gegenüber dem Vormund eingeräumt, falls dieser allein zur Fürsorge für den Mündel berufen ist, und weder dem Vater noch der ehelichen oder unehelichen Mutter neben ihm eine Einwirkung auf die Erziehung zusteht (insbesondere also z. B. wenn es sich um die Bevormundung von Doppelwaisen handelt). Der Richter kann hier, auch ohne daß der Vormund seine Pflichten vernachlässigt, oder daß eine Verwahrlosung des Mündels zu Tage getreten ist, dessen Unterbringung in einer Familie oder Anstalt zum Zwecke der Erziehung anordnen.

In den Fällen der §§ 1666, 1838 B.G.B. erfolgt die Durchführung der angeordneten Maßregeln nur auf Kosten des Minderjährigen selbst oder der zu seiner Unterhaltung verpflichteten Personen. Die Heranziehung öffentlicher Mittel ist unzulässig. Das B.G.B. gestattet ferner gegenüber den der elterlichen Gewalt unterworfenen und nicht unter Vormundschaft stehenden Minderjährigen ein Eingreifen des Vormundschaftsrichters für diejenigen Fälle nicht, in denen ein Verschulden des erziehungsberechtigten Elternteils nicht nachgewiesen werden kann, gleichwohl aber eine sittliche oder körperliche Verwahrlosung des Minderjährigen eingetreten oder zu befürchten ist.

2. Das E.G. zum B.G.B. überließ es in Art. 135 der Landesgesetzgebung, noch weitere Vorschriften über die Zwangserziehung zu geben und die Lücken des Reichsrechts auf diesem Gebiete auszufüllen, insbesondere zu bestimmen, ob und inwieweit öffentliche Mittel zur Bestreitung der Kosten heranzuziehen seien.

a) Art. 135 E.G. behält zunächst die schon durch § 55 Str.G.B. gegebene Ermächtigung zum Erlasse landesgesetzlicher Bestimmungen über Zwangserziehung für die Fälle vor, in denen ein Minderjähriger im Alter unter 12 Jahren eine strafbare Handlung begangen hat. § 55 Str.G.B. hat durch Art. 43 E.G. zum B.G.B. Aenderungen erlitten, die im wesentlichen nur seine Fassung betreffen, seinen Inhalt jedoch insoferne ergänzen, als auch die Unterbringung in einer Familie an Stelle der Anstaltserziehung gestattet wird.

Im Falle des § 55 Str.G.B. ist die Landesgesetzgebung nur insoferne gebunden, als die Zwangserziehung nur dann angeordnet werden darf, wenn durch Beschluß des Vormundschaftsgerichts die Begehung der Handlung festgestellt und die Unterbringung für zulässig erklärt ist. Die Landesgesetze können jedoch noch weitere Voraussetzungen einführen, z. B. die Begehung bestimmter einzelner Vergehen oder Verbrechen als Bedingung der Zwangserziehung setzen, oder diese von einem Rückfall oder einer schon bestehenden Verwahrlosung des Minderjährigen abhängig machen, sie können ferner die Behörde bestimmen, welche den Beschluß des Vormundschaftsgerichts über die Zulässigkeit der Zwangserziehung durch deren wirkliche Anordnung und Ausführung zu ergänzen hat (Planck, Bem. 2 und 3 zu Art. 135 E.G.).

b) Vorbehalten ist ferner der Fall des § 56 Str.G.B. (Zwangserziehung beschränkt Strafmündiger, die wegen mangelnder Einsicht in die Strafbarkeit ihrer Handlung freigesprochen wurden). Hier ist es bei der bisherigen gesetzlichen Regelung verblieben. Der Strafrichter ordnet die Unterbringung in einer Erziehungs- oder Besserungsanstalt an, die Auswahl der Anstalt und die Durchführung der Erziehung gebührt den landesgesetzlich näher zu bezeichnenden Verwaltungsbehörden.

c) Art. 135 E.G. gestattet schließlich den Landesgesetzen die Zwangserziehung für Fälle einzuführen, in denen die Voraussetzungen der §§ 1666, 1838 B.G.B. nicht zutreffen. Damit ist die Möglichkeit eines kräftigeren Vorgehens hinsichtlich der unter elterlicher Gewalt stehenden Kinder gegeben und zwar auch für Fälle, in denen kein Verschulden der Eltern vorliegt, sondern nur ungünstige Verhältnisse, Mangel an ausreichenden Mitteln, besonders verderbliche Charakteranlagen oder naturwidrige Triebe der Kinder üble Erscheinungen gezeitigt haben. Die Landesgesetzgebung ist jedoch in zweifacher Weise beschränkt: Die Zwangserziehung darf nur zur Verhütung des völligen sittlichen Verderbens angeordnet werden, sie soll das letzte Auskunftsmittel sein, wenn alle anderen Maßregeln sich entweder schon als nutzlos erwiesen haben oder doch offenbar einen Erfolg nicht mehr versprechen. Die bloße Verwahrlosung, die bloße Gefährdung des Entwickelungsgangs des Kindes, das Auftreten einzelner Anzeichen von Mangel an sittlichem Gefühl oder von Roheit genügen nicht für die Anwendung des nur im Notfalle zulässigen Erziehungsmittels.

Die zweite Beschränkung der Landesgesetze liegt darin, daß die Anordnung der Zwangserziehung stets dem Vormundschaftsgerichte überlassen werden muß und einer anderen Behörde nicht übertragen werden darf, wenn auch im übrigen das Verfahren selbständig geregelt werden kann. Nur die Entscheidung darüber, ob der Minderjährige in einer Erziehungs- oder Besserungsanstalt oder in einer Familie unterzubringen sei, also die Auswahl des Ortes und der Art der Zwangserziehung kann einer Verwaltungsbehörde übertragen werden, wenn die Unterbringung auf öffentliche Kosten zu erfolgen hat, sei es nun, daß die Zahlungspflicht des Staates und der Gemeinden die einzige Möglichkeit zur Beschaffung der erforderlichen Mittel gewährt oder daß die öffentlichen Kassen die Kosten nur vorbehaltlich des Rückgriffs gegen den Minderjährigen und die zur Unterhaltsgewährung verpflichteten Personen vorschießen.

Ueber die Ausführung der Zwangserziehung und ihre Dauer — deren äußerste Grenze natürlich das 21. Lebensjahr des einzelnen Zöglings bildet — können die Landesgesetze völlig frei bestimmen.

5. Ueberblick über das Zwangserziehungsgesetz.

Das Gesetz und die zu ihm erlassenen Ausführungsbestimmungen — Bekanntmachung vom 28. Juni 1902 — verstehen unter Zwangserziehung nur die auf öffentliche Kosten erfolgende Unterbringung eines Minderjährigen in einer Familie oder in einer Erziehungs- oder Besserungsanstalt zum Zwecke der Erziehung (Art. 1 Abs. 1, § 1 A.B.). Mit Erziehungsmaßregeln auf Kosten des Minderjährigen und der Unterhaltspflichtigen befaßt sich das Gesetz nicht.

Der Zwang, der dem ganzen Rechtsgebiet und dem Gesetze den Namen gegeben hat, richtet sich nicht etwa gegen den Minderjährigen, obwohl natürlich auch dieser durch die Durchführung der vom Staate geleiteten Erziehung in seiner freien Willensbethätigung gehindert wird. Da er ein Recht zur Selbstbestimmung nicht hat, ist er nicht derjenige, in dessen Rechtssphäre eingegriffen wird, dies ist vielmehr der Erziehungsberechtigte, der einer ihm nach dem bürgerlichen Rechte zustehenden Befugnis ganz oder für einige Zeit beraubt wird.

Das Gesetz (Art. 1, §§ 2—6 A.B.) läßt die Zwangserziehung in folgenden Fällen zu:

1. unter den Voraussetzungen des § 1666 und des § 1838 B.G.B., wenn sie erforderlich ist, um die sittliche oder körperliche Verwahrlosung des Minderjährigen zu verhüten, also andere

Mittel — wie z. B. die Bestellung eines Beistands für die mit der elterlichen Gewalt betraute Mutter — keine genügende Hilfe gewähren können;

2. im Falle des § 55 Str.G.B., jedoch mit der Einschränkung, daß schon eine gewisse Verwahrlosung des Minderjährigen vorliegen muß und daß deren Fortschreiten mit Rücksicht auf die Beschaffenheit der Strafthat oder die Persönlichkeit und die Verhältnisse des Minderjährigen und seiner Eltern oder Erzieher in anderer Weise nicht entgegengetreten werden kann;

3. wenn die Zwangserziehung zur Verhütung des völligen sittlichen Verderbens des Minderjährigen erforderlich ist.

Damit ist von den Vorbehalten in Art. 135 E.G. zum B.G.B. und in § 55 Str.G.B. im ganzen Umfange Gebrauch gemacht, während der Fall des § 56 Str.G.B. aus dem Gesetz ausgeschieden ist und nur in untergeordneten Punkten — Art. 14, § 60 A.V. — von ihm gestreift wird. Die Zwangserziehung soll stets das letzte Auskunftsmittel sein und nur dann angeordnet werden, wenn auf anderem Wege eine geordnete Erziehung nicht zu erreichen ist, wenn insbesondere auch die Hilfe der Armenpflege versagt. (A.V. § 3.)

Hat der Minderjährige das 16. Lebensjahr vollendet, so soll die Zwangserziehung nur in besonderen Fällen angeordnet werden, wenn nämlich begründete Aussicht besteht, daß durch sie noch eine Besserung erreicht werden könne.

Das Verfahren bei der Zwangserziehung zerfällt in zwei streng getrennte Teile, in denen verschiedene Behörden thätig sind. Die Anordnung der Zwangserziehung und ihre Aufhebung erfolgen durch Beschluß des Vormundschaftsgerichts und sind Angelegenheiten der freiwilligen Gerichtsbarkeit, während die Wahl des Unterbringungsortes, die Verbringung des Zöglings dorthin, die Ueberwachung der Erziehung und endlich die vorläufige Entlassung den Distriktspolizeibehörden zustehen und Verwaltungssachen sind. Dementsprechend steht die Thätigkeit der Gerichte, soweit nicht das Gesetz selbst die Regelung in die Hand genommen hat, unter den Vorschriften des G.F.G., insbesondere soweit diese sich mit Vormundschaftssachen befassen, vor allem also, was Zuständigkeit, Beweisverfahren, Zustellungswesen, Beschwerdeberechtigung und Beschwerdeverfahren angeht; die Distriktspolizeibehörden hingegen haben sich nach den für Verwaltungssachen maßgebenden Formen zu richten und unterliegen hierin den dienstaufsichtlichen Anordnungen ihrer vorgesetzten Stellen, während die Beschlüsse der Gerichte mit dem vollen Schutz der richterlichen Thätigkeit umkleidet sind und nur durch Richterspruch abgeändert werden können. Das Verwaltungsrechtsverfahren tritt nur bei der Regelung der Kostenfrage auf.

Da das Vormundschaftsgericht schon seiner ganzen Stellung nach zu einer gewissen Aufsicht über die Erziehungsthätigkeit der Eltern, Vormünder und Pfleger berufen ist und da, wo es Mängel wahrnimmt, von Amtswegen das Geeignete zu verfügen hat, so konnte das Gesetz davon absehen, bestimmte Antragsberechtigte zu bezeichnen. Das Gericht hat ihm zukommende Anregungen, einerlei von welcher Seite sie stammen mögen, zu berücksichtigen, falls nur ihr Inhalt Beachtung verdient. Dagegen wurde eine gesetzliche Anzeigepflicht für die Stellen geschaffen, die hauptsächlich einen Einblick in Erziehungsangelegenheiten gewinnen können, nämlich für die Staatsanwaltschaften, die Polizeibehörden und die Schulbehörden. (Art. 2.) Durch die A.V. (§ 8) wurde diese Anzeigepflicht noch erweitert. Auf Grund des B.G.B. ist auch der Gemeindewaisenrat anzeigepflichtig.

Wer im Verfahren zu vernehmen ist, richtet sich im allgemeinen nach den Bedürfnissen des einzelnen Falles. Doch sind stets die Eltern und der gesetzliche Vertreter des Minderjährigen, sowie dieser selbst zu hören, wenn er das 14. Lebensjahr vollendet hat. Nur in besonderen Fällen kann hievon Umgang genommen werden. Unter Umständen ist auch ein Pfleger aufzustellen, der die Interessen des Minderjährigen im Verfahren zu vertreten hat. Ferner sind die Aeußerungen des zuständigen Pfarramts und, beim Verfahren gegen schulpflichtige Kinder, der Ortsschulbehörde einzuholen. Die Distriktsverwaltungsbehörde ist durch Zuleitung der Akten von den Ergebnissen der Erhebungen zu verständigen und hat, nachdem sie der Heimatgemeinde bezw. dem Kreisfiskalate Gelegenheit geboten hat, sich zu äußern, ebenfalls ihr Gutachten abzugeben (Art. 3, A.V. §§ 9—12).

Der Beschluß, der die Zwangserziehung anordnet, ist mit Gründen zu versehen und muß die persönlichen Verhältnisse des Zöglings und seiner Eltern genau ersehen lassen (Art. 4 Abs. 1, A.V. § 13). Er ist den Eltern, dem gesetzlichen Vertreter, dem Minderjährigen selbst, wenn er das 14. Lebensjahr erreicht hat, der Distriktsverwaltungsbehörde und der Heimatgemeinde zuzustellen. Diese Personen und Behörden haben das

Recht der sofortigen Beschwerde, der aufschiebende Wirkung beigelegt ist. Daneben können noch andere Personen oder Behörden nach dem G.F.G. mit der Beschwerde gegen den Beschluß des Vormundschaftsgerichts vorgehen, z. B. die Schulbehörden, die Großeltern, der Seelsorgsgeistliche u. s. w. (§ 57 Nr. 9 G.F.G.). Für den Fall der Ablehnung der Zwangserziehung bestimmt sich die Beschwerdeberechtigung nur nach dem G.F.G. (Art. 4 Abs. 3).

In der Regel darf der Beschluß des Vormundschaftsgerichts erst dann ausgeführt werden, wenn er gegenüber den zur sofortigen Beschwerde berechtigten Personen rechtskräftig geworden ist; ausnahmsweise kann jedoch das Vormundschaftsgericht durch einen schriftlichen mit Gründen versehenen Bescheid schon im Laufe des Verfahrens oder in der Zeit zwischen dem Erlasse des Beschlusses und dem Eintritte der Rechtskraft die vorläufige Unterbringung anordnen (Art. 4 Abs. 2, § 20 A.V.).

Die Auswahl des Unterbringungsortes liegt der Distriktsverwaltungsbehörde ob, in deren Bezirke der Minderjährige seine Heimat besitzt, in Ermangelung einer bayerischen Heimat der für den Bezirk des Vormundschaftsgerichts zuständigen Distriktsverwaltungsbehörde, in München den Polizeiämtern. Diese Behörden haben auch für die Durchführung und Ueberwachung der Erziehung zu sorgen, insbesondere die erforderlichen Verträge über die Unterbringung mit den Haushaltungsvorständen und Anstaltsleitern abzuschließen und die zur Abführung des Minderjährigen an den Erziehungsort etwa nötige unmittelbare Gewalt auszuüben. Bei der Ueberwachung der Erziehung hat sie der Gemeindewaisenrat zu unterstützen (Art. 5, 7, A.V. §§ 21 ff.).

Die Familienerziehung soll vorzugsweise angewendet werden, die Anstaltserziehung nur, wenn erstere nicht thunlich ist (A.V. § 28 Abs. 2). Die Auswahl der Familien hat unter Berücksichtigung des Glaubensbekenntnisses der Minderjährigen zu erfolgen. Die Ermittelung geeigneter Familien ist den Gemeindebehörden aufgetragen.

Die Aufhebung der Zwangserziehung erfolgt durch Beschluß des Vormundschaftsgerichts, wenn die Voraussetzungen ihrer Anordnung weggefallen sind, regelmäßig aber auch, wenn der Minderjährige das 18. Lebensjahr vollendet hat und keine besonderen Gründe zur Fortsetzung vorliegen. Das Gericht kann die Aufhebung unter dem Vorbehalte des Widerrufs beschließen, die Distriktsverwaltungsbehörde kann auch die vorläufige Entlassung verfügen, eine jederzeit widerrufliche Vergünstigung. Ein geeignetes Unterkommen ist noch vor Aufhebung der Zwangserziehung ausfindig zu machen (Art. 6, A.V. §§ 44—49).

Die Kosten der Zwangserziehung sind zunächst von der Heimatgemeinde des Minderjährigen vorzuschießen oder, wenn es sich um eine in Bayern nicht heimatberechtigte Person handelt, von der Staatskasse. Eine Ersatzpflicht besteht zunächst für den Minderjährigen, wenn er selbst Vermögen besitzt oder binnen zehn Jahren nach Aufhebung der Zwangserziehung ein Vermögen erwirbt, das ihm die Ersatzleistung unbeschadet der Sicherung seines Lebensunterhalts ermöglicht. Ferner sind die dem Minderjährigen unterhaltspflichtigen Personen zur Erstattung anzuhalten, wobei das Maß ihrer Leistungspflicht durch die Höhe des von ihnen zu gewährenden Unterhalts begrenzt wird. Ihre Heranziehung erfolgt ebenso wie die des Minderjährigen im Wege des bürgerlichen Rechtsstreits, doch ist ein beschleunigtes Verwaltungsverfahren gegen die Eltern und Großeltern, sowie gegen den Erzeuger eines unehelichen Kindes statthaft, wenn dieser entweder seine Vaterschaft nach der Geburt des Kindes in einer öffentlichen Urkunde anerkannt hat, oder wenn seine Unterhaltspflicht in einem vollstreckbaren Titel festgestellt ist. In solchen Fällen wird die Ersatzpflicht auf Antrag der Heimatgemeinde oder des Kreisfiskalats durch einen vorläufig vollstreckbaren Beschluß der Distriktsverwaltungsbehörde ausgesprochen, der binnen 14 Tagen mit Beschwerde zur K. Regierung, Kammer des Innern, angefochten werden kann. Deren Entscheidung ist endgiltig, doch bleibt der Rechtsweg und damit unter Umständen die Notwendigkeit einer Rückerstattung vorbehalten (Art. 8 Abs. 1, 2, Art. 10).

Wenn der Rückgriff gegen den Minderjährigen oder die Unterhaltspflichten nicht durchführbar ist, so kann die Heimatgemeinde beanspruchen, daß ihr die Staatskasse zwei Fünftel ihrer Auslagen und die Distriktsgemeinde ein Fünftel ersetzen. Entsteht über diese Ersatzpflicht oder über die Verpflichtung der Gemeinde oder des Staats zum Vorschießen der Kosten Streit, so wird zunächst im Verwaltungsweg entschieden und zwar in erster Instanz von den Distriktsverwaltungsbehörden, in zweiter von den Regierungen, Kammern des Innern, durch Bureauentschließung. Erst in der dritten Instanz beginnt der Verwaltungsrechtsweg, indem die Beschwerde zum Verwaltungsgerichtshof eröffnet ist. Der Zivilrechtsweg ist ausgeschlossen (Art. 8 Abs. 3,

Art. 9). Die Kosten der vorläufigen Unterbringung sind als Kosten der Zwangserziehung zu behandeln, wenn aber hinterher die Anordnung der Zwangserziehung nicht erfolgt, so fallen sie ausschließlich der Staatskasse zur Last (Art. 8 Abs. 4).

Weil die Zwangserziehung im öffentlichen Interesse eingeführt wurde, so ist das ganze Verfahren gebühren- und portofrei und bare Auslagen trägt die Staatskasse. Letztere können jedoch auch den Beteiligten überbürdet werden, wenn sie von diesen durch unbegründete Anträge und Einwendungen verursacht wurden (Art. 12 Abs. 3). Ferner gelten die den öffentlichen Kassen durch die Zwangserziehung erwachsenden Kosten in keiner Hinsicht als Armenunterstützungen (Art. 11).

Mit Strafe wird bedroht, wer einen zur Zwangserziehung in einer Familie oder Anstalt untergebrachten Minderjährigen unbefugt entfernt oder zur Entfernung verleitet (Art. 13).

6. Maßregeln der Zwangserziehung, die vom Gesetze nicht berührt werden.

Auch außerhalb des Rahmens des Gesetzes sind fürderhin noch Eingriffe in die Erziehungsthätigkeit der Eltern oder ihrer Stellvertreter denkbar. Neben den Bestimmungen des B.G.B. kommen hier noch Ueberbleibsel des früheren Rechtszustands in Betracht.

1. Der Vormundschaftsrichter kann nach wie vor auf Grund der §§ 1666, 1838 B.G.B. die Zwangserziehung anordnen und sie ohne Inanspruchnahme öffentlicher Mittel selbst durchführen, falls die entstehenden Kosten aus dem Vermögen des Minderjährigen oder der Unterhaltungspflichtigen gedeckt werden können, oder wenn Dritte, z. B. entferntere Verwandte, Wohlthätigkeitsvereine, ihm das nötige Geld zur Verfügung stellen. Dann behält er die Wahl des Unterbringungsorts und die Ueberwachung der Erziehung selbst in der Hand. Die A.V. empfehlen in § 5 Abs. 3 dem Vormundschaftsrichter, von dieser Möglichkeit nur dann Gebrauch zu machen, wenn von Anfang an unzweifelhaft ist, daß die sämtlichen Kosten gedeckt werden können.

Geht der Vormundschaftsrichter nach §§ 1666, 1838 B.G.B. vor, so richtet sich das Verfahren ausschließlich nach §§ 1673, 1847 B.G.B. und den Vorschriften des G.F.G. Die Kosten des Verfahrens fallen gemäß Art. 131 A.G. zum B.G.B. demjenigen zur Last, in dessen Angelegenheiten die Verrichtung stattfindet, hier also dem Minderjährigen. Die Anordnungen des Vormundschaftsgerichts können von diesem selbst unter Anwendung unmittelbaren Zwanges vollzogen werden (Art. 130 A.G. zum B.G.B.).

Es ist nicht unzulässig, daß der Vormundschaftsrichter zunächst die Zwangserziehung auf Grund des B.G.B. anordnet, später aber, wenn sich die Durchführung als unmöglich erweist, die Heranziehung der öffentlichen Mittel beschließt. Es wird jedoch in einem solchen Falle notwendig sein, zunächst den Vorschriften des Art. 3 des Gesetzes zu genügen, soweit dies nicht etwa schon vorher geschehen ist und dann einen neuen Beschluß zu fassen, in dessen Gründen dann freilich auf die Ausführungen im früheren Beschlusse Bezug genommen werden kann.

Wenn das Vormundschaftsgericht nach Scheidung einer Ehe Anordnungen über die Sorge für die Person des Kindes trifft (§ 1635 B.G.B.), so handelt es sich zwar nicht um Maßregeln der Zwangserziehung, doch können solche durch den Inhalt des gerichtlichen Beschlusses unnötig gemacht und umgangen werden.

2. Für die Fälle des § 56 und des § 362 Abs. 3 Satz 2 Str.G.B. verbleibt es bei der bisherigen gesetzlichen Regelung (s. oben unter 3). Vom Gesetze werden diese Fälle nur insofern betroffen, als durch Art. 14 die Strafdrohung des Art. 13, welche die ungestörte Durchführung der Erziehung schützt, auf sie ausgedehnt ist. Ferner befaßt sich mit ihnen der § 60 A.B., der die Ergebnisse der verschiedenen auf diesem Gebiete erlassenen Ausführungsbestimmungen teilweise zusammenfaßt.

3. Nach wie vor ist ein Vorgehen auf Grund des Art. 81 P.Str.G.B. möglich (s. oben unter 3). In gewissen Fällen wird dieses sogar schneller zum Ziele führen als das immerhin etwas umständliche Verfahren nach dem Gesetze oder nach dem B.G.B. Aber nur dann kann es als zweckmäßig erachtet werden, wenn es unzweifelhaft ist, daß die Beiziehung des Pflichtigen zur Kostentragung auf keine Schwierigkeiten stößt.

4. Art. 36 Abs. 3 des Armengesetzes bleibt aufrecht erhalten (s. oben unter 3 a. E.). Seine praktische Bedeutung wird aber noch geringer werden als bisher, weil die Armenpflegen besser wegkommen, wenn sie die Zwangserziehung auf Grund des Gesetzes beantragen.

7. Die soziale Bedeutung des Gesetzes.

Dem Zwangserziehungsgesetze wurde, ebenso wie den einschlägigen Bestimmungen des B.G.B. und den Gesetzen der übrigen deutschen Bundesstaaten, in den weitesten Kreisen ein nicht geringes Interesse entgegengebracht. Man hat die eingehendere Regelung dieses Rechtsstoffes durch die neuere Gesetzgebung vielfach als eine rettende That bezeichnet und erhofft von ihr eine günstige Wirkung gegen die zunehmende Verwilderung der Jugend und eine Verminderung der strafbaren Handlungen unerwachsener Personen. Es fragt sich, ob diesen Erwartungen nicht eine ziemliche Enttäuschung durch die thatsächlichen Wirkungen folgen wird.

Das Gesetz bringt zweifellos vieles Gute und Zweckmäßige. Vor allem gibt es dem Vormundschaftsrichter vermehrte Machtbefugnisse und beseitigt den unerfreulichen Zustand, daß diesem, wenn er ein Vergehen auf Grund der §§ 1666, 1838 B.G.B. für angezeigt und notwendig hielt, durch die Rücksicht auf die Beschaffung der Geldmittel zumeist die Hände gebunden waren, daß er ferner der Verwahrlosung der unter elterlicher Gewalt stehenden Kinder, falls ein Verschulden der Eltern nicht vorlag oder doch nicht nachweisbar war, unthätig zusehen mußte. Für eine rasche und sichere Durchführung der vormundschaftsgerichtlichen Beschlüsse trifft das Gesetz ausreichend Vorsorge. Es steht zu hoffen, daß die allmählich sich verbreitende Wahrnehmung einer verstärkten Gewalt und einer freieren Stellung der Vormundschaftsrichter auch eine wohlthätig abschreckende Wirkung auf leichtfertige und nachlässige Eltern ausüben wird.

Es darf jedoch nicht verkannt werden, daß die Stärke des Gesetzes die Schranken nicht wird durchbrechen können, die der Wirkung gesetzgeberischer Maßnahmen überhaupt gezogen sind. Das Gesetz kann wohl anordnen, wann Zwangserziehung einzutreten habe, in welchem Verfahren sie anzuordnen, in welchen Formen sie durchzuführen sei und kann es in seinen Bestimmungen hierüber zur größten technischen Vervollkommnung bringen. Der Erfolg aber hängt von der Pflichttreue, der Erfahrung und dem Verständnis derer ab, denen die Erziehung anvertraut ist. Und hier trifft die Thätigkeit des Gesetzgebers auf ihre Grenze: er kann nicht lehren, wie man erziehen soll und kann einsichtsvolle und pflichtgetreue Jugendbildner nicht herbeischaffen. Es wird sich wohl auch hier die alte Lehre bewähren, daß die Fürsorge des Staates gegenüber den gefährlichen Erscheinungen des gesellschaftlichen Lebens im großen und ganzen machtlos ist, daß sie wohl die schlimmsten Auswüchse beseitigen, das Übel aber nicht an der Wurzel fassen, den Niedergang eines Volkes wohl aufhalten aber nicht verhindern kann.

Mit Recht wird in den Ausführungsvorschriften zum Gesetze der Familienerziehung der Vorzug gegenüber der Anstaltserziehung gegeben. Auch in der fremden Familie kann das natürliche Verhältnis der Eltern zu den Kindern wenigstens einigen Ersatz finden, die Einwirkung auf das Kind kann sich besser und gründlicher vollziehen, die persönliche Eigenart des Zöglings mehr berücksichtigt werden. Dennoch mag man Bedenken haben, ob man es mit der Familienerziehung sehr weit bringen wird. Verwahrloste in die häusliche Gemeinschaft aufzunehmen und sie zu bessern, ist für den, der es mit seiner Aufgabe ernst nimmt, eine höchst schwierige und verantwortungsvolle Sache, eine Pflicht, der nur mit größter Selbstverleugnung genügt werden kann, für jeden aber ist es ein gewagtes und undankbares Geschäft, besonders, wenn es sich um Personen handelt, die dem Kindesalter schon einigermaßen entwachsen sind. Zudem kann der gute Wille, das Wohlwollen und die Lust zur Sache für sich allein nicht genügen, um eine so schwierige Aufgabe mit Erfolg durchzuführen. Die sittliche Einwirkung auf einen anderen Menschen, die Umbildung einer Persönlichkeit erfordert neben der eigenen moralischen Kraft des Erziehers, seinem nie erlahmenden Eifer und seiner unerschütterlichen Geduld und Ruhe noch ganz besondere Eigenschaften: ein feines Verständnis für die Schwächen und Laster der Zeit überhaupt und des Zöglings im besonderen, eine tiefe Einsicht in die Gründe der Verwahrlosung und des sittlichen Verfalls und in die Mittel zur Heilung nebst der Fähigkeit, die einmal als richtig erkannten Mittel auch in vernünftiger Form anzuwenden. Die für den einzelnen Fall passende Mischung von Güte und Strenge zu finden, bietet allein schon oft unüberwindliche Schwierigkeiten.

Auch wird es nicht immer leicht sein, bei der Auswahl einer Familie sich vor Personen zu hüten, die unter der Maske der Mildthätigkeit den Versuch machen, sich auf Kosten der öffentlichen Kassen zu bereichern, und welche die Zwangserziehung als ein lohnendes, nicht allzu mühevolles Erwerbsgeschäft betrachten.

So wird es denn praktisch wohl so kommen, daß bei der Auswahl des Unterbringungsorts die Anstalten den Vorzug erhalten werden. Bieten sie doch wenigstens die Gewähr, daß sich in ihnen Erzieher finden, denen der Umgang mit Verwahrlosten nichts neues mehr ist und die einige Uebung und Gewandtheit in der Behandlung solcher Personen, sowie größere Erfahrung und Kenntnisse auf dem Gebiete der Jugendbildung besitzen. Die Nachteile und Gefahren der Anstaltserziehung sollen jedoch keineswegs zu gering eingeschätzt werden: Es ist bekannt, daß vor allem das Zusammenpferchen vieler Kinder in gemeinsamen Schlafräumen, die vielfache Berührung mit älteren, in der Verdorbenheit schon weiter fortgeschrittenen Personen oft Wirkungen hervorbringen, die dem Zwecke der Zwangserziehung gerade entgegengesetzt sind, daß insbesondere in geschlechtlicher Beziehung ein jugendlicher Mensch in Anstalten sich oft Kenntnisse aneignet, deren Verwertung ihn körperlich und geistig vollends zu Grunde richtet.

Vielleicht wird das nächste Ziel, das der Staat ins Auge zu fassen hat, die Schaffung einer beträchtlichen Anzahl kleinerer Erziehungshäuser sein, für die ein gewandtes Personal allmählich heranzubilden wäre.

8. Die Gesetzgebung der anderen größeren Bundesstaaten.

Die Gesetze der anderen deutschen Staaten bedürfen einer kürzeren Betrachtung wenigstens insofern, als ihre Abweichungen von der in Bayern beliebten Regelung hervorzuheben sind. Die Eigentümlichkeiten des bayerischen Rechts werden dadurch besser in das Licht gesetzt.

1. Preußen. Das preußische Gesetz vom 2. Juli 1900 läßt die Zwangserziehung auf öffentliche Kosten, die es Fürsorgeerziehung nennt, im allgemeinen unter den gleichen Voraussetzungen zu, wie das bayerische Gesetz. Gegen Minderjährige, die das 18. Lebensjahr vollendet haben, kann jedoch die Zwangserziehung nicht mehr angeordnet werden. Die Anordnung erfolgt durch Beschluß des Vormundschaftsgerichts. Das Gesetz hat bestimmte Behörden für antragsberechtigt erklärt, nämlich den Landrat (Oberamtmann), den Gemeindevorstand und den Vorsteher königlicher Polizeibehörden. Der Kreis der Personen und Behörden, die zu hören sind, ist ähnlich wie in Bayern umschrieben, ebenso der Kreis der Beschwerdeberechtigten; der Minderjährige selbst muß nicht gehört werden. Wurden die Eltern oder der gesetzliche Vertreter nicht gehört, so können sie die Wiederaufnahme des Verfahrens beantragen. Vorläufige Unterbringung ist zulässig, ihre Kosten sind von der Polizeibehörde

des Aufenthaltsorts vorzuschießen; wird die Unterbringung nicht angeordnet, so fallen sie demjenigen zur Last, der die Kosten der örtlichen Polizeiverwaltung zu tragen hat. Im übrigen sind die Kosten regelmäßig von den Provinzialbehörden zu tragen (in einzelnen Landesteilen von anderen Kommunalverbänden) und zwar ist für die Verpflichtung entscheidend, in welchem Gebiete der Ort liegt, dessen Vormundschaftsgericht Beschluß gefaßt hat. Die Kommunalverbände sind jedoch nicht ausschließlich mit den Kosten belastet: hat der Zögling einen Unterstützungswohnsitz, so muß der bezügliche Ortsarmenverband die Kosten der Ueberführung des Zöglings in die Familie oder Anstalt, der vorgeschriebenen ersten Ausstattung, der Beerdigung des während der Erziehung verstorbenen und der Rückreise des entlassenen Zöglings tragen, so daß dem Kommunalverband nur die eigentlichen Unterbringungskosten zur Last fallen. Zu diesen erhält er von der Staatskasse einen Zuschuß in der Höhe von zwei Dritteln. Erstattungspflichtig sind der Minderjährige selbst — dieser ohne Rücksicht auf die Größe seines Vermögens — und die Unterhaltungspflichtigen. Ueber den Erstattungsanspruch beschließt vorbehaltlich des Rechtswegs der Bezirksausschuß.

Die Auswahl des Unterbringungsorts sowie die Durchführung der Erziehung liegt dem verpflichteten Kommunalverband ob, der zur Ueberwachung der in Familien untergebrachten Minderjährigen besondere „Fürsorger" zu bestellen hat; zu solchen können auch Frauen berufen werden. Die Ueberführung an den Unterbringungsort ist durch die Polizeibehörde des Aufenthaltsorts vorzunehmen. Die Familienerziehung ist der Anstaltserziehung für die Regel vorzuziehen.

Die Aufhebung der Fürsorgeerziehung erfolgt durch den Kommunalverband, von Amtswegen oder auf Antrag der Eltern oder des gesetzlichen Vertreters des Minderjährigen. Nur gegen den ablehnenden Bescheid kann die Entscheidung des Vormundschaftsgerichts angerufen werden, dessen Beschluß der Beschwerde unterliegt. Ein abgewiesener Antrag kann erst nach sechs Monaten erneuert werden.

Mit Strafe wird bedroht, wer den Minderjährigen nach Anordnung der Fürsorgeerziehung oder nach Einleitung des Verfahrens der Unterbringung oder dem Verfahren entzieht, ihn zur Entziehung verleitet oder zu dieser vorsätzlich behilflich ist. Das Strafmaß übersteigt das des Art. 13 des bayerischen Gesetzes beträchtlich: Es ist Gefängnis bis zu zwei Jahren und Geldstrafe bis zu tausend Mark oder eine dieser Strafen angedroht. Der Versuch ist strafbar.

2. **Württemberg.** (Gesetz vom 29. Dezember 1899.) In den Fällen des § 55 Str.G.B. ist Zwangserziehung nur **zulässig**, wenn es sich um ein Verbrechen, ein Vergehen oder eine Uebertretung nach § 361 Nr. 3 oder 4 Str.G.B. (Landstreicherei oder Bettel) handelt. Zwangserziehung ist nur anzuordnen, wenn der Minderjährige das 16. Lebensjahr noch nicht vollendet hat. **Antragsberechtigt** sind neben den Eltern und Vormündern die Großeltern, der Beistand und alle Behörden, die von der Verwahrlosung eines Minderjährigen Kenntnis erhalten; **anzeigepflichtig** ist nur die Staatsanwaltschaft. Zu hören ist im Verfahren u. a. auch der Gemeindewaisenrat und der Vorsitzende des Ausschusses der Landarmenbehörde. Das **Beschwerderecht** ist in gleicher Weise ausgedehnt, was hinsichtlich des Gemeindewaisenrats zu Bedenken Anlaß gibt (vergl. unten Bem. 3, l. b, zu Art. 4). Eltern und Großeltern, die nicht gehört wurden, können Wiederaufnahme des Verfahrens beantragen. Vorsorgliche Unterbringung ist zulässig.

Die Auswahl des Erziehungsorts, sowie die weitere **Durchführung** und Ueberwachung der Erziehung steht dem Ausschuß der Landarmenbehörde desjenigen Kreises zu, innerhalb dessen das beschließende Vormundschaftsgericht seinen Sitz hat. Zur Unterstützung hierbei sind die Polizei- und Gemeindebehörden, sowie bei den in Familien untergebrachten Zöglingen der Gemeindewaisenrat und besonders bestellte Fürsorger berufen. Letztere werden vom Gemeinderat des Orts ernannt, in dem die Familie ihren Wohnsitz hat. Der Ausschuß der Landarmenbehörde kann probeweise Entlassung des Zöglings anordnen.

Die Erziehung hört mit Vollendung des 18. Lebensjahres auf und kann nur in außergewöhnlichen Fällen durch Beschluß des Vormundschaftsgerichts auf Antrag des Ausschusses der Landarmenbehörde bis zum vollendeten 20. Lebensjahr ausgedehnt werden. Schon früher kann, wenn der Erziehungszweck erreicht ist, das Vormundschaftsgericht die **Aufhebung** anordnen. Antragsberechtigt und bei Ablehnung beschwerdeberechtigt sind u. a. auch hier wieder die Großeltern und der Gemeindewaisenrat. Ein abgewiesener Antrag darf ohne Angabe neuer Thatsachen und Beweismittel nicht vor Ablauf von sechs Monaten wiederholt werden.

Die **Kosten** der Zwangserziehung einschließlich der durch

die Fürsorge für ein geeignetes Unterkommen oder durch die Beerdigung des Zöglings entstandenen hat der Landarmenverband zu tragen, dessen Ausschuß die Erziehung durchführt. Erstattungspflichtig sind der Zögling selbst und die ihm unterhaltungspflichtigen Personen; die Ersparnisse des ersteren dürfen jedoch nur zur Deckung seiner Beerdigungskosten herangezogen werden. Ist Ersatz nicht zu erlangen, so hat der Ortsarmenverband, innerhalb dessen der Zögling bei Anordnung der Zwangserziehung seinen Unterstützungswohnsitz hatte, ein Fünftel der Kosten zu tragen, falls er nicht überlastet und unvermögend ist. Die Hälfte des den Landarmenverbänden verbleibenden Kostenrestes ist aus der Staatskasse zu ersetzen; die Festsetzung erfolgt durch das Ministerium des Innern. Für die Fälle des § 56 Str.G.B. ist die Kostentragung in der gleichen Weise geregelt, doch werden die Ortsarmenverbände hier nicht herangezogen.

Die Strafdrohung gegen unbefugte Entfernung des Minderjährigen aus dem Erziehungsort entspricht nach Thatbestand und Strafrahmen der des bayerischen Rechts.

3. Baden. (Gesetz vom 4. Mai 1886 in der Fassung des Gesetzes vom 16. August 1900.) Die Voraussetzungen für die Anordnung sind im großen und ganzen die gleichen, wie im bayerischen Recht, doch genügt die Gefahr einer nur körperlichen Verwahrlosung in den Fällen der §§ 1666, 1838 B.G.B. nicht. Andererseits ist im Falle des § 55 Str.G.B. eine schon eingetretene Verwahrlosung nicht Bedingung für die Anordnung. Nach Vollendung des 18. Lebensjahres findet die Anordnung nicht mehr statt. Antragsberechtigt ist das Bezirksamt; anzeigepflichtig sind die Staatsanwaltschaften, die Polizei-, Gemeinde- und Schulbehörden, aber nicht gegenüber dem Vormundschaftsgerichte, sondern gegenüber dem Bezirksamte. Verfahren und Beschwerdeberechtigung sind in der Hauptsache den bezüglichen Bestimmungen des bayerischen Gesetzes ähnlich geregelt; Wiederaufnahme des Verfahrens ist zulässig.

Die Durchführung und Ueberwachung der Erziehung leitet das Bezirksamt, kann sich hierbei aber auch des Ortsarmenverbands bedienen, innerhalb dessen der Zögling seinen Unterstützungs-Wohnsitz hat, oder innerhalb dessen er sich zur Zeit der Entscheidung über die Unterbringung aufhält. Die Ueberwachung der Familien hat ein vom Bezirksamte bestellter Fürsorger im Vereine mit dem Waisenrichter zu besorgen.

Mit Vollendung des 20. Lebensjahres durch den Zögling

endet die Zwangserziehung; bei Erreichung oder Sicherung des Zwecks kann sie auf Antrag des Bezirksamts oder der Personen, denen die Sorge für die Person des Minderjährigen zusteht, durch Beschluß des Vormundschaftsrichters schon früher aufgehoben werden; ein abgewiesener Antrag kann erst nach sechs Monaten wiederholt werden. Einstellung oder Beschränkung der Erziehungsmaßregeln kann in widerruflicher Weise vom Bezirksamte beschlossen werden.

Der unterstützungspflichtige Armenverband hat die Kosten der Reise zum Erziehungsort, der Rückreise, der Ausstattung und der Vermittelung eines Unterkommens bei der Entlassung völlig zu tragen. Für die Kosten der Erziehung und Verpflegung hat er nur zu einem Drittel aufzukommen, während für den Rest die Staatskasse einzutreten hat. Vorschußpflichtig sind die Armenverbände. Der Zögling, der Vermögen besitzt, und die zu seinem Unterhalte verpflichteten Personen haben Ersatz zu leisten. Streitigkeiten über die Verpflichtung zur Kostenerstattung und über den Umfang dieser Verpflichtung entscheiden die Verwaltungsgerichte. Das Verfahren bei den Verwaltungsbehörden und den Vormundschaftsgerichten ist sportelfrei; bare Auslagen trägt die Staatskasse.

Auf die Fälle der § 56 Abs. 2 und § 362 Abs. 3 Str.G.B. findet das Gesetz, insbesondere was die Durchführung der Erziehung und die Kostentragung anlangt, entsprechende Anwendung.

4. Hessen. (Gesetz vom 11. Juni 1887 in der Fassung des A.G. zum B.G.B. vom 17. Juli 1899.) Die Zwangserziehung ist in den Fällen der §§ 1666, 1838 B.G.B. auch ohne die Gefahr einer besonderen Verwahrlosung zulässig, sonst entsprechen die Voraussetzungen denen des bayerischen Rechts. Grenze für die Anordnung ist das vollendete 18. Lebensjahr. Anzeigepflichtig ist nur die Staatsanwaltschaft, während zu den Antragsberechtigten u. a. die Großeltern, das Kreisamt, die Staatsanwaltschaft, die zuständige Bürgermeisterei, die Kreisschulkommission und das Pfarramt zählen. Im Verfahren sind Gemeindevertretung und Bürgermeisterei zu hören; beschwerdeberechtigt sind stets auch die Großeltern, die Bürgermeisterei und die Staatsanwaltschaft, an die deshalb auch die Entscheidung zuzustellen ist.

Die Ausführung der Zwangserziehung wird vom Kreisamte bethätigt. Die Fortsetzung der Erziehung ist bis zum vollendeten 21. Lebensjahr zulässig, vorher kann die Entlassung vom

Vormundschaftsgericht unbedingt oder widerruflich verfügt werden. Beschwerdeberechtigt ist, wer die Anordnung beantragen kann, dagegen kann die ablehnende Entscheidung nur vom Antragsteller angefochten werden. Ein abgelehnter Antrag darf erst nach sechs Monaten erneuert werden.

Die Kosten sind zunächst von der Kreiskasse vorzuschießen und es ist deren Beitreibung aus dem Vermögen der Unterhaltspflichtigen, erst in zweiter Linie aus dem des Minderjährigen selbst nach dem für Einziehung von Kommunalintraden vorgeschriebenen Verfahren zu versuchen. Gelingt dies nicht, so ist diejenige öffentliche Kasse heranzuziehen, die für den Minderjährigen oder seine Angehörigen armenunterstützungspflichtig wäre, falls nicht durch Beschluß des Kreistags diese Kosten auf den Kreis übernommen werden. Der Staat ersetzt jedoch die Kosten des eigentlichen Unterhalts und der Erziehung, sowie der Vermittelung eines Unterkommens nach der Entlassung zur Hälfte. Die gerichtlichen Verhandlungen sind gebührenfrei.

In den Fällen des § 56 Str.G.B. hat das Kreisamt die Unterbringung zu veranlassen und deren Dauer zu bestimmen. Die Kosten trägt die Staatskasse.

5. Braunschweig. (Gesetz vom 12. Juli 1899.) Die Voraussetzungen der Zwangserziehung sind insofern weniger streng als in Bayern geregelt, als in den Fällen der §§ 1666, 1838 B.G.B. die Gefahr einer Verwahrlosung nicht zu bestehen braucht. Eine obere Altersgrenze für die Anordnung besteht nicht. Antragsberechtigt ist neben dem gesetzlichen Vertreter die Ortspolizeibehörde des Wohnsitzes oder Aufenthaltsorts des Minderjährigen, anzeigepflichtig sind die Gerichte, die Staatsanwaltschaften, die Polizei-, Gemeinde- und Schulbehörden. Der Polizeibehörde ist der auf Anordnung lautende Beschluß zuzustellen, sie ist beschwerdeberechtigt.

Die Durchführung der Erziehung erfolgt durch die Landespolizeibehörde, der auch die Aufhebung der Zwangserziehung vor vollendetem 20. Lebensjahre zusteht. Die ablehnende Entscheidung über einen Antrag auf Aufhebung kann von dem gesetzlichen Vertreter binnen vierzehn Tagen nach Zustellung mit Beschwerde an das Staatsministerium angefochten werden. Ein von diesem zurückgewiesener Antrag kann erst nach sechs Monaten erneuert werden. Die Kosten der Unterbringung trägt — auch in den Fällen des § 56 Str.G.B. — die Staatskasse. Ersatz ist zunächst vom Zögling und den zur Unterhaltungsgewährung verpflichteten Personen beizutreiben und zwar, vorbehaltlich des Rechtswegs, im Verwaltungszwangsverfahren. Gelingt eine Beitreibung nicht, so hat die Gemeinde oder der Armenverband, dem der Minderjährige angehört, einen Kostenzuschuß zu zahlen, der vom Staatsministerium unter Mitwirkung des Ausschusses der Landesversammlung periodenweise festgestellt wird, in geeigneten Fällen aber vom Ministerium ermäßigt oder erlassen werden kann.

6. Mecklenburg. (Verordnung vom 9. April 1899, gleichlautend für Mecklenburg-Schwerin und Mecklenburg-Strelitz.) Die Voraussetzungen der Zwangserziehung entsprechen denen des hessischen und braunschweigischen Rechts, oberste Altersgrenze ist jedoch, wie in Bayern, das vollendete 16. Lebensjahr. Anzeigepflichtig sind die Gerichte, die Staatsanwaltschaften, die Polizei-, Gemeinde- und Schulbehörden. Zu hören ist u. a. im Verfahren stets die Ortspolizeibehörde, der auch das Beschwerderecht gegen die Anordnung zukommt. Wurden die Eltern oder der Vormund nicht gehört, so können sie die Wiederaufnahme des Verfahrens beantragen.

Die Ausführung der Anordnung erfolgt durch die Ortsobrigkeit, in deren Bezirk der Minderjährige Wohnsitz oder Aufenthalt hat. Ihr steht auch die Auswahl der Familie oder Anstalt zu. Streitigkeiten über die Zuständigkeit der Ortsobrigkeiten entscheidet das Ministerium des Innern. Bei Familienerziehung hat das Vormundschaftsgericht einen Vertrauensmann zur Ueberwachung zu bestellen.

Die Aufhebung der Zwangserziehung erfolgt, abgesehen von dem Falle, daß ihr Zweck erreicht oder gesichert ist, mit der Vollendung des 18. Lebensjahrs. Nur in außergewöhnlichen Fällen kann sie vom Vormundschaftsgericht, das überhaupt über die Entlassung zu verfügen hat, bis zur Vollendung des 20. Lebensjahrs ausgedehnt werden. Den Antrag auf Entlassung kann auch die mit der Ausführung der Erziehung betraute Obrigkeit stellen; gegen den ablehnenden Beschluß kann sie sich beschweren. Widerrufliche Einstellung oder Beschränkung der Erziehungsmaßregeln durch das Vormundschaftsgericht ist möglich.

Die Kosten sind vom Minderjährigen oder den Unterhaltspflichtigen einzuziehen und zwar im Verwaltungswege, von den Unterhaltspflichtigen jedoch nur dann, wenn ihre Verwandtschaft mit dem Zögling unbestritten oder durch gerichtliche Entscheidung festgestellt ist. Ist ein Ersatz auf diese Weise nicht zu erlangen, so hat die ausführende Ortsobrigkeit die Kosten zu tragen, die Hälfte jedoch ist ihr aus der Kasse des Landarbeitshauses zu erstatten. Streitigkeiten über die Höhe der Erstattungspflicht werden vom Ministerium des Innern entschieden.

7. Elsaß-Lothringen. (A.G. zum B.G.B. vom 17. April 1899 §§ 123—127.) Die Voraussetzungen für die Anordnung der Zwangserziehung weisen die Besonderheit auf, daß diese, wenn sie zur Verhütung des völligen sittlichen Verderbens dienen soll und ein Verschulden des Erziehungsberechtigten nicht vorliegt, nur mit dem Einverständnis des Vaters oder der die elterliche Gewalt führenden Mutter erfolgen darf. Nach Vollendung des 16. Lebensjahres eines Minderjährigen ist die Anordnung nur in besonderen Fällen zulässig. Das Verfahren hat keine besonderen Eigentümlichkeiten.

Die Auswahl des Erziehungsorts und die übrige Durchführung der Erziehung liegt in den Händen der Verwaltungsbehörde, die auch, unabhängig vom Vormundschaftsgerichte, die Entlassung des Zöglings unbedingt oder widerruflich verfügen kann, wenn sie die Erreichung des Erziehungszwecks für genügend gesichert erachtet.

Die Kosten der Unterbringung trägt die Landeskasse; diese kann vom Zögling und den ihm unterhaltspflichtigen Personen Ersatz verlangen. Die Beitreibung der Ersatzforderungen erfolgt nach den Vorschriften über die Einziehung öffentlicher Gefälle, doch bleibt der Rechtsweg vorbehalten.

Gesetz
die Zwangserziehung betreffend

vom 10. Mai 1902.

(Ges.- u. Verordn.-Blatt 1902 Seite 180.)

Im Namen Seiner Majestät des Königs

Luitpold,

von Gottes Gnaden Königlicher Prinz von Bayern,

Regent.

Wir haben nach Vernehmung des Staatsrates mit Beirat und Zustimmung der Kammer der Reichsräte und der Kammer der Abgeordneten beschlossen und verordnen, was folgt:

Art. 1.

Das Vormundschaftsgericht kann zum Zwecke der Erziehung eines Minderjährigen dessen Unterbringung in einer geeigneten Familie oder in einer Erziehungs- oder Besserungsanstalt auf öffentliche Kosten (Zwangserziehung) anordnen,

1. wenn die Voraussetzungen des § 1666 oder des § 1838 des Bürgerlichen Gesetzbuchs vorliegen und die Zwangserziehung erforderlich ist, um die sittliche oder körperliche Verwahrlosung des Minderjährigen zu verhüten;

2. wenn der Minderjährige eine strafbare Handlung begangen hat, wegen deren er in Anbetracht seines jugendlichen Alters strafrechtlich nicht verfolgt werden kann, und mit Rücksicht auf die Beschaffenheit der Handlung, die Persönlichkeit der Eltern oder sonstigen Erzieher und die übrigen Lebensverhältnisse des Minderjährigen seiner weiteren sittlichen Verwahrlosung nur durch die Zwangserziehung vorgebeugt werden kann;

3. wenn die Zwangserziehung zur Verhütung des völligen sittlichen Verderbens des Minderjährigen notwendig ist.

Die Zwangserziehung soll nach Vollendung des sechzehnten Lebensjahres eines Minderjährigen nur in besonderen Fällen angeordnet werden.

1. Das Gesetz gebraucht den Ausdruck „Zwangserziehung" im engsten Sinne; es versteht darunter die Unterbringung eines Minderjährigen in einer geeigneten Familie oder in einer Erziehungs- und Besserungsanstalt, falls diese Unterbringung auf öffentliche Kosten erfolgt (vergl. die Einleitung unter Nr. 1). Die Zwangserziehung, die vom Vormundschaftsrichter ohne Inanspruchnahme öffentlicher Mittel angeordnet wird, fällt nicht unter den Rahmen des Gesetzes, ebensowenig umfaßt dieses Erziehungsmaßregeln, die nicht in der Unterbringung in einer Familie oder einer Anstalt bestehen.

2. Die Anordnung der Zwangserziehung ist nur zulässig gegen Minderjährige, also gegen Personen, die noch das 21. Lebensjahr nicht vollendet haben (§ 2 B.G.B.). Die Volljährigkeitserklärung (§ 3 B.G.B.) schließt die Anordnung der Zwangserziehung aus. Eine untere Altersgrenze besteht für sie nicht (A.B. § 4). Nach Vollendung des 16. Lebensjahres eines Minderjährigen soll die Zwangserziehung, wenn sie auch nicht schlechthin unzulässig ist, doch nur in besonderen Fällen angeordnet werden; ferner soll sie nach Art. 6 Abs. 4 über das 18. Lebensjahr eines Minderjährigen hinaus nur ausnahmsweise fortgesetzt werden. Für die Berechnung der hiernach maßgebenden Abschnitte des Lebensalters kommen die §§ 187, 188 B.G.B. in Betracht: der Tag der Geburt ist mitzurechnen, die einzelnen Fristen enden, weil sie nach größeren Abschnitten als nach Tagen zu bemessen sind, mit dem Ablaufe desjenigen Tages des letzten Monats, der dem Tage vorhergeht, der durch seine Benennung oder seine Zahl dem Anfangstage, also dem Tage der Geburt entspricht. Fehlt in dem letzten Monate der für den Ablauf der Frist maßgebende Tag, so endigt diese mit dem Ablaufe des letzten Tages des Monats.

Läßt sich der Zeitpunkt der Geburt weder durch standesamtliche Urkunden noch durch andere Beweismittel mit voller Sicherheit feststellen, so daß es zweifelhaft bleibt, ob das Alter der Volljährigkeit — oder, wenn besondere Umstände nicht vorliegen, das 16. Lebensjahr — nicht etwa schon erreicht ist, so ist die Anordnung der Zwangserziehung nicht zulässig. (Vgl. Kiene, württemb. Zwangserziehungsgesetz Bem. V zu Art. 1). Verheiratung schließt die Möglichkeit der Zwangserziehung nicht aus. (Englert S. 37).

3. Die Geltung des Zwangserziehungsgesetzes beschränkt sich nicht etwa auf bayerische Staatsangehörige. Vielmehr ergibt sich daraus, daß das Gesetz zur Anordnung der Zwangserziehung das nach den Vorschriften des G.F.G. zuständige Vormundschaftsgericht ermächtigt, und daß nach dem Systeme des Reichsrechts hinsichtlich vormundschaftsgerichtlicher Maßnahmen ein Unterschied zwischen den Angehörigen der einzelnen Bundesstaaten nicht gemacht wird, daß die bayerischen Gerichte die Zwangserziehung auch über nicht bayerische Reichsangehörige verhängen können. Andererseits kann es auch vorkommen, daß hinsichtlich eines bayerischen Staatsangehörigen eine Zuständigkeit der bayerischen Gerichte zur Anordnung der Zwangserziehung nicht gegeben ist und es den Gerichten eines anderen Bundesstaats

überlassen werden muß, die nach den Gesetzen ihres Landes zulässigen Maßregeln vorzukehren (vergl. Noelle, preußisches Fürsorgeerziehungsgesetz Bem. 8a zu § 1, Wittig, preußisches Fürsorgeerziehungsgesetz Bem. 5 zu § 1, Johow, Jahrb. X, S. 307, XV, 83).

Das Gesetz verbietet aber auch nicht die Anordnung der Zwangserziehung gegen ausländische Minderjährige, d. h. solche, die keinem deutschen Bundesstaate angehören. Es muß jedoch, entsprechend dem von Art 23 E.G. zum B.G.B. aufgestellten allgemeinen Satze, angenommen werden, daß eine Anordnung der Zwangserziehung über einen Ausländer durch die inländischen Gerichte nur dann zu erfolgen hat, wenn der Staat, dem der Ausländer angehört, die Fürsorge nicht übernimmt. Denn steht der Ausländer schon bei einem Gerichte seines Staates unter Vormundschaft oder Pflegschaft, so bedarf es nach dem Grundsatze des Art. 23 E.G. zum B.G.B. eines Eingreifens der deutschen Vormundschaftsbehörde nicht und das Gleiche wird zu gelten haben, wenn es möglich ist, durch entsprechende Verständigung des ausländischen Gerichts dessen Thätigkeit herbeizuführen. Nur dann, wenn der ausländische Staat die Fürsorge entweder ausdrücklich ablehnt oder doch auf eine Mitteilung des Sachverhalts nichts verfügt, wird das deutsche Vormundschaftsgericht zur Zwangserziehung schreiten. (Vergl. Planck Bem. 2b zu Art. 23 E.G. zum B.G.B.).

Das Gericht kann jedoch stets die Zwangserziehung als vorläufige Maßregel im Sinne des Abs. 2 Art. 23 E.G. zum B.G.B. anordnen, solange die ausländische Behörde noch nichts zur Fürsorge für den Minderjährigen gethan hat. Doch ist dann die Zwangserziehung nicht mehr fortzusetzen, wenn es gelungen ist, die heimische Vormundschaftsbehörde zu geeigneten Maßregeln zu veranlassen (vergl. Noelle a. a. O. S. 31, 32).

Eine Verpflichtung zur Fürsorge für den Ausländer besteht niemals, nur eine Befugnis, sich um ihn anzunehmen (vergl. Planck a. a. O. Bem. 3, Staudinger, ebenda Bem. 3a). Das Vormundschaftsgericht wird also von der Anordnung der Zwangserziehung absehen, wenn nach seinem Ermessen kein Anlaß zu einer solchen Maßregel besteht, insbesondere, wenn andere Maßregeln Erfolg versprechen, z. B. die Wegweisung aus dem Staatsgebiete zulässig und durchführbar ist. (Vergl. § 362 Abs. 4 Str.G.B.).

In welchem Alter der Ausländer die Großjährigkeit erreicht, bestimmt sich nach den Gesetzen seines Heimatsstaates (Art. 7 E.G. zum B.G.B.).

4. Was die einzelnen Fälle angeht, in denen nach dem Gesetze die Anordnung der Zwangserziehung zulässig ist, so ist in erster Reihe die Heranziehung öffentlicher Mittel zur Erziehung des Minderjährigen in zwei Fällen gestattet, in denen schon nach dem B.G.B. die Beschränkung der elterlichen Gewalt durch das Vormundschaftsgericht ermöglicht ist, nämlich in den Fällen der §§ 1666 (in Verbindung mit § 1686) und 1838 B.G.B. Gemeinsame Voraussetzung ist hierbei, daß die Zwangserziehung — im Sinne des gegenwärtigen Gesetzes genommen — erforderlich ist, um die sittliche oder körperliche Verwahrlosung des Minderjährigen zu verhüten, daß also andere Maßregeln, die zur Abwendung einer Gefährdung des Kindes ergriffen werden könnten, unthunlich oder unzureichend erscheinen, sei es nun,

daß sich ihre Unzulänglichkeit oder Undurchführbarkeit schon erwiesen hat, sei es, daß von vornherein ein Erfolg von ihnen nicht zu erwarten ist.

a) § 1666 B.G.B. setzt voraus, daß durch schuldhaftes Verhalten des Vaters das geistige oder leibliche Wohl des Kindes gefährdet wird. Ein Verschulden des Vaters genügt für sich allein zur Anwendung des § 1666 B.G.B. ebensowenig, als eine bloße Gefährdung des Kindes, die nicht auf eine Pflichtverletzung des Vaters zurückzuführen ist. (Vergl. Kammergericht, Beschlüsse vom 21. Mai 1900 und 29. Mai 1901, Rechtsprechung der Oberlandesgerichte Bd. I S. 484, Bd. III S. 2).

Das Verschulden des Vaters kann in einem Mißbrauche des Rechtes der Sorge für die Person des Kindes bestehen, also z. B. in einer Ueberschreitung des Züchtigungsrechts durch Mißhandlung des Kindes, in der Verleitung des Kindes zu unsittlichen Handlungen, in der Wahl eines ungeeigneten Berufes für das Kind. Auch das Recht des Vaters, den Aufenthalt und die Unterbringung des Kindes zu bestimmen (§ 1631 B.G.B.), kann mißbraucht werden, so z. B. wenn ein nur wenige Monate altes Kind, das wegen seines zarten Alters der mütterlichen Pflege dringend bedarf, der Mutter ohne zureichenden Grund vorenthalten wird (Oberlandesgericht Stuttgart, Beschluß vom 11. August 1900, Rechtsprechung der Oberlandesgerichte Bd. I S. 484), oder wenn der Erziehungsberechtigte das Kind in eigene Pflege nimmt, obwohl er weiß, daß er nicht imstande ist, diese in richtiger Weise zu gewähren (vergl. Beschluß des bayer. obersten Landesgerichts a. a. O. Bd. II S. 89).

Eine weitere Art des Verschuldens ist die Vernachlässigung des Kindes, d. h. bewußte oder fahrlässige Außerachtlassung der durch die elterliche Gewalt begründeten Pflichten, also z. B. mangelhafte Beaufsichtigung des Kindes, Entziehung des erforderlichen Unterhalts, ungenügende Sorge für die körperliche und geistige Entwickelung. Vernachlässigung liegt auch vor, wenn der Vater durch eigenen schlechten Lebenswandel ein übles Beispiel gibt und die erzieherische Einwirkung nicht nur unterläßt, sondern erschwert (Kammergericht, Beschluß vom 1. Oktober 1900, a. a. O. Bd. I S. 484).

Ein Verschulden des Vaters liegt ferner in ehrlosem oder unsittlichem Verhalten. Eine genaue Bestimmung dieser Begriffe ist nicht möglich; sie werden als durch die allgemeine sittliche Anschauung gegeben vorausgesetzt. Meinungen einzelner Gesellschaftsklassen über das, was ehrlos und unsittlich sei, sind belanglos. Die Begehung strafbarer Handlungen ist weder immer erforderlich, um ein Verhalten als ehrlos und unsittlich erscheinen zu lassen, noch in allen Fällen ausreichend. Der Verlust der bürgerlichen Ehrenrechte läßt nicht stets auf Ehrlosigkeit schließen. (Motive zum 1. Entwurf des B.G.B. IV, S. 804). Einzelne sittliche Verfehlungen werden nicht immer den Schluß rechtfertigen, der Vater habe ein unsittliches Verhalten an den Tag gelegt, sie können menschlich erklärlich und entschuldbar sein: die Handlungen müssen also einen Schluß auf Eigenschaften der Persönlichkeit zulassen. Im einzelnen können als unsittliches und ehrloses Verhalten insbesondere sich darstellen: Müßiggang, hochgradige Trunksucht, Roheitsdelikte, Vergehen und Verbrechen gegen das Vermögen, Verfehlungen in geschlechtlicher Beziehung (z. B. Aufnahme einer Konkubine in den Haushalt, Kammergericht,

Beschluß vom 29. Mai 1901, a. a. O. Bd. III S. 42), Mißhandlung und Beschimpfung der Ehefrau, ungezügelte Spielsucht, übertriebene Verschwendung u. s. w. Gelegentlich der Beratungen im Reichstag und im bayerischen Landtag wurde mehrfach besprochen, ob das Verhalten des Vaters in politischer und religiöser Beziehung oder die Einwirkung auf das Kind in dieser Hinsicht als ehrloses oder unsittliches Verhalten betrachtet werden könne. In beiden Häusern wurden Anträge, ausdrücklich das Gegenteil auszusprechen, abgelehnt. Es wird reine Thatfrage sein, welcher Standpunkt im einzelnen Fall einzunehmen ist: allgemeine Lösungen dieser Frage gibt es nicht, die bloße Verneinung würde zu dem sinnlosen Ergebnisse führen, daß es Pflichten gegen den Staat und in religiöser Beziehung nicht geben könne, oder daß deren Vernachlässigung niemals unsittlich sein könne. Anzuerkennen ist allerdings ohne weiteres, daß die bloße Zugehörigkeit zu einer Partei und zu einer Konfession an sich niemals ehrlos oder unsittlich sein kann, ebensowenig, wie eine bestimmte Anschauung des Vaters in religiöser oder politischer Beziehung. Daß es dem Vater auch nicht verboten sein kann, sein Kind in seinen Anschauungen zu erziehen, ist ebenfalls unzweifelhaft. Aber damit ist der Kreis der möglichen Fälle nicht erschöpft. Gotteslästerliche Aeußerungen den Kindern gegenüber werden z. B. stets als unsittliche Handlungen zu betrachten sein, ebenso rohe Beschimpfungen religiöser Meinungen und Gebräuche, mögen sie auch nach der Ueberzeugung des Vaters durchaus gerechtfertigt sein. Ebenso würde der Vater unsittlich handeln, wenn er z. B. ein Kind, dessen religiöse Erziehung schon beinahe beendet ist und bei dem schon ein religiöses Empfinden entwickelt ist, ohne jeden vernünftigen Grund — z. B. nur aus Trotz gegen die Mutter — konfessionslos würde erziehen wollen, obwohl das Kind selbst widerspricht. Die damit verbundene Bedrückung des Gewissens oder die dadurch hervorgerufene Störung des ehelichen Friedens und der häuslichen Uebereinstimmung würde je nach Lage des Falls unzweifelhaft als eine Unsittlichkeit zu beurteilen sein. Auch die Kundgebung politischer Anschauungen kann unter Umständen als unsittlich erscheinen, wenn sie z. B. eine Aufreizung der Kinder zu strafbaren Handlungen in sich schließen würde. In solchen Fällen kann sich der Vater nicht darauf berufen, daß nach seiner politischen Ueberzeugung von Staat und Gesetz überhaupt nichts zu halten sei. (Vergl. Lisszt-Duensing, die Zwangserziehung in Raschkes Rechtsbüchern für das deutsche Volk Bd. II S. 16). Eine andere Frage ist es, ob es zweckmäßig und angezeigt ist, in Fällen, wie die geschilderten es sind, von der rechtlich gegebenen Möglichkeit der Zwangserziehung Gebrauch zu machen. Hier wird das Taktgefühl des Vormundschaftsrichters zu entscheiden haben.

Der Umstand, daß das ehrlose oder unsittliche Verhalten in eine Zeit fiel, zu der dem Elternteil das Erziehungsrecht noch nicht zustand, schließt die Anwendung des § 1666 B.G.B. nicht aus. (Beschl. des Kammergerichts v. 21. April 1902, Rechtspr. der Oberlandesgerichte Bd. IV S. 411).

§ 1666 B.G.B. findet auch Anwendung, wenn der Mutter die elterliche Gewalt zusteht (§ 1686 B.G.B.), aber auch dann, wenn ein Elternteil nicht die vollen elterlichen Rechte genießt, er aber die thatsächliche Sorge für die Person und die Erziehung des Kindes trägt, wie z. B. die Mutter eines unehelichen Kindes. (§ 1707 Satz 2 B.G.B., ferner § 1634, 1676 Abs. 2 Satz 2, 1696, 1697, Satz 2, 1698 B.G.B., Planck, Bem. 4 zu § 1666 und Bem. 2c zu § 1707, Staudinger, Bem. 4 zu § 1666, Beschluß des Oberlandesgerichts Dresden v. 29. Mai 1900, Rechtsprechung der Oberlandesgerichte Bd. I S. 484 f.).

Ein Einschreiten auf Grund des § 1666 B.G.B. setzt jedoch immer voraus, daß der Elternteil, gegen den vom Vormundschaftsgericht eingeschritten werden soll, wirklich erziehungsberechtigt ist. Ist daher ein Rechtsstreit über das Erziehungsrecht zwischen den Eltern anhängig, so ist eine Anordnung der Zwangserziehung zunächst unzulässig: der Ausgang des Rechtsstreits muß abgewartet werden. (Vergl. Oberlandesgericht Stuttgart, Beschluß vom 16. August 1901, Rechtsprechung der Oberlandesgerichte Bd. III S. 426). Doch ist dann Raum zu vorläufigen Maßregeln auf Grund des Art. 4 Abs. 2. Während des Ehescheidungsprozesses ist ein Eingreifen auf Grund des § 1666 zulässig. (Oberlandesgericht Dresden, Beschluß v. 1. Februar 1901, a. a. O. Bd. IV S. 103).

b) Weniger eng als in § 1666 B.G.B. sind die Grenzen für das Eingreifen des Vormundschaftsrichters in § 1838 B.G.B. gezogen. Steht ein Minderjähriger unter Vormundschaft, so kann das Vormundschaftsgericht ohne und selbst gegen den Willen des Vormunds seine Unterbringung in einer Erziehungs- oder Besserungsanstalt oder in einer geeigneten Familie anordnen und es muß, wenn hierzu öffentliche Mittel herangezogen werden sollen, nur die weitere schon oben erwähnte allgemeine Voraussetzung vorliegen, daß die Gefahr einer sittlichen oder körperlichen Verwahrlosung des Minderjährigen eine solche Maßregel herausfordert. Dagegen ist ein Verschulden des Vormunds, eine Vernachlässigung seiner Pflichten keine Bedingung für die Anwendung des § 1838: es kann z. B. der Umstand genügen, daß der Vormund wegen starker Belastung mit Berufsarbeiten keine Zeit hat, sich um den Mündel ordentlich anzunehmen. Doch wird der Richter nur dann zur Anwendung des § 1838 B.G.B. schreiten, wenn die vom Vormunde gewählte Art der Unterbringung nicht entsprechend ist.

Steht dem Vater oder der Mutter neben dem Vormunde das Recht der Sorge für die Person des Mündels zu, so bleibt es bei den Voraussetzungen des § 1666 B.G.B. (Fälle dieser Art finden sich in §§ 1676 Abs. 2 Satz 2, 1696, 1697 Satz 2, 1698, 1702 Abs. 2 Satz 1, 1707 Satz 2, 1738 Satz 2, 1765 Abs. 2 Satz 1 B.G.B.). Das nämliche hat zu gelten, wenn der erziehungsberechtigte Elternteil nicht neben dem Vormund in der Sorge für das Kind thätig zu werden hat, sondern selbst als Vormund aufgestellt ist. (Vergl. Planck Bem. 1 Abs. 3 zu § 1838 B.G.B.).

Was von dem Vormunde gilt, gilt gemäß § 1915 Abs. 1 B.G.B. auch vom Pfleger, soweit sich dessen Wirkungskreis auf die Erziehung eines Minderjährigen erstreckt, was z. B. im Falle des § 1909 Abs. 1 und 3 B.G.B. (vergl. Planck Bem. 2b zu § 1909 B.G.B.) vorkommen kann.

5. Der zweite Fall, in dem die Anordnung der Zwangserziehung auf öffentliche Kosten gestattet wird, ist der der Begehung einer straf-

baren Handlung durch einen Strafunmündigen, dessen weiterer sittlicher Verwahrlosung vorgebeugt werden muß. Das Gesetz hat hiernach nur die Fälle des § 55 Str.G.B. im Auge, der von der Begehung strafbarer Handlungen durch eine Person spricht, die im Augenblicke der Begehung der That noch nicht das zwölfte Lebensjahr vollendet hat und daher strafrechtlich nicht verfolgt werden kann. Die Fälle des § 56 Str.G.B. — Begehung einer strafbaren Handlung durch eine Person, die zwar das 12., aber noch nicht das 18. Lebensjahr vollendet hat — werden von Art. 1 nicht betroffen und sind vom Gesetz überhaupt nicht geregelt; nur in einer Nebenbestimmung (Art. 14 Abs. 1) werden sie berührt. Die Voraussetzungen für die Anordnung der Zwangserziehung sind hier im einzelnen folgende:

a) Es muß die strafbare Handlung eines Strafunmündigen vorliegen, d. h. eine Handlung, die sich im Falle der Begehung durch einen Strafmündigen als Verbrechen, Vergehen oder Uebertretung darstellen würde. (Vergl. die Fassung des württembergischen Gesetzes betr. die Zwangserziehung Minderjähriger vom 29. Dezember 1899 in Art. 1 Nr. 1). Eine strafbare Handlung in diesem Sinne ist nur gegeben, wenn deren Thatbestand sowohl nach der objektiven als nach der subjektiven Seite vorliegt. Es muß also nicht nur die Ueberschreitung einer, sei es landesgesetzlich oder reichsgesetzlich, durch Strafdrohung gesicherten Rechtsnorm stattgefunden haben, sondern beim Thäter müssen auch die weiteren Voraussetzungen festgestellt werden können, die seine Verfolgung ermöglichen würden, wenn er das 12. Lebensjahr vollendet hätte. Die Handlung muß also vorsätzlich, d. h. mit dem Bewußtsein der Thatbestandsmerkmale, oder, soweit das Gesetz auch unvorsätzliche Handlungen unter Strafe stellt, fahrlässig, d. h. unter Nichtbeobachtung der nach Lage der Sache zu fordernden und nach der Persönlichkeit des Thäters möglichen Aufmerksamkeit, begangen worden sein. Die Einsicht in die Strafbarkeit der Handlung ist hingegen nicht zu fordern, wohl aber muß die Handlung auch rechtswidrig gewesen sein und, soweit die Rechtswidrigkeit einer Handlung ein Merkmal des Thatbestandes bildet, muß auch das Bewußtsein der Rechtswidrigkeit nachgewiesen werden. Notwehr und Notstand, sowie unwiderstehliche Gewalt oder Drohung mit einer Gefahr für Leib und Leben schließen die Strafbarkeit einer Handlung aus (§§ 52 bis 54 Str.G.B.). Ist die Zurechnungsfähigkeit des Thäters durch einen Zustand der Bewußtlosigkeit oder krankhafter Störung der Geistesthätigkeit beseitigt, so kann auch von einer strafbaren Handlung nicht gesprochen werden (§ 51 Str.G.B.).

Der Antrag, der zur Verfolgung einer strafbaren Handlung in gewissen Fällen notwendig ist (§ 61 Str.G.B.), wird von der herrschenden Meinung nicht als eine Bedingung der Strafbarkeit, sondern als eine Prozeßvoraussetzung aufgefaßt (vergl. Oppenhof, 12. Auflage Bem. 2 zu § 61 Str.G.B.). Nach dieser Auffassung muß, wenn die Anordnung der Zwangserziehung erfolgen soll, die Stellung eines Strafantrags, falls ein solcher die Voraussetzung der strafrechtlichen Verfolgung ist, nicht abgewartet werden. Die Verjährung einer strafbaren Handlung schließt die Zwangserziehung ebenfalls nicht aus, weil sie nach § 66 Str.G.B. nur die Strafverfolgung und Strafvollstreckung ausschließt, die Strafbarkeit der Handlung aber an sich bestehen bleiben läßt.

b) Die Begehung einer Strafthat durch einen Strafunmündigen gibt dem Vormundschaftsgerichte nur dann die Befugnis zu Maßregeln der Zwangserziehung, wenn diese erforderlich sind, um die weitere sittliche Verwahrlosung des Minderjährigen zu verhüten. Daraus ist zu entnehmen, daß zur Zeit der Begehung der Strafthat schon eine gewisse Verwahrlosung vorhanden sein und die Gefahr bestehen muß, daß diese sich ohne das Einschreiten des Richters vergrößern werde, wenn die Zwangserziehung zulässig sein soll. Dagegen ist der Begriff „weitere sittliche Verwahrlosung" nicht gleichbedeutend mit dem des „völligen sittlichen Verderbens" in Z. 3 (vergl. Beschluß des Kammergerichts v. 23. April 1900, Rechtsprechung der Oberlandesgerichte Bd. I. S. 300).

Die Besorgnis der weiteren sittlichen Verwahrlosung und ihrer Unabwendbarkeit durch andere Maßregeln als die der Zwangserziehung kann gerechtfertigt sein durch die Beschaffenheit der begangenen strafbaren Handlung: durch die Art des Deliktes (Sittlichkeitsvergehen, Diebstahl) oder durch die begleitenden Umstände, z. B. die an den Tag gelegte Verrohung. Auch Uebertretungen können auf sittliche Verwahrlosung schließen lassen, z. B. Tierquälerei, Landstreicherei, Gewerbsunzucht u. s. w. Die Gefahr für die Sittlichkeit des Minderjährigen kann ferner in der Persönlichkeit der Eltern oder sonstigen Erzieher beruhen: nicht erforderlich ist hierbei, daß diesen ein Verschulden oder der Vorwurf der Vernachlässigung zur Last fällt; es kann genügen, daß sie gegenüber der verbrecherischen Anlage des Kindes nicht die genügende Willensstärke besitzen oder daß sie durch Krankheit, durch wirtschaftliche oder berufliche Schwierigkeiten an einer gedeihlichen Erziehung ihres Pflegebefohlenen gehindert sind. Ferner können auch die sonstigen Lebensverhältnisse des Minderjährigen berücksichtigt werden, z. B. das schlechte Beispiel von Geschwistern, der Mangel von Verwandten, die sich um ihn annehmen könnten, ungeeignete Wohnungsverhältnisse u. s. w.

6. Die Anordnung der Zwangserziehung ist schließlich nach Nr. 3 des Art. 1 noch zulässig, wenn sie zur Verhütung des völligen sittlichen Verderbens des Minderjährigen notwendig ist, wenn sie sich als das letzte Mittel erweist, um dieses abzuwehren. Auch in diesem Falle muß schon ein gewisser Grad sittlicher Verkommenheit bestehen, das Verderben muß schon begonnen haben und es muß die Gefahr nicht etwa nur weiterer Verwahrlosung sondern gänzlichen Untergangs besserer Regungen und Teile nachgewiesen sein. Worauf sich aber diese Gefahr gründet, ist gleichgiltig, ein Verschulden des Gewalthabers oder Erziehers braucht nicht vorzuliegen, es genügt die objektive Unzulänglichkeit der bisherigen erzieherischen Einwirkung (Schwäche der Eltern, Mittellosigkeit, unzureichende Thätigkeit der Schule, gefährliche Umgebung u. s. w.).

7. Die Anordnung der Zwangserziehung ist dem freien, pflichtmäßigen Ermessen des Richters überlassen, der Richter **kann** sie anordnen, wenn ihre Voraussetzungen gegeben sind, aber er **muß** dies nicht thun. Es ist ihm nicht verwehrt, zu prüfen, ob denn von dem an sich zulässigen Mittel der Zwangserziehung überhaupt ein Erfolg zu erwarten ist, ob die Anordnung zweckmäßig und thunlich ist. Hat er sich freilich einmal überzeugt, daß im einzelnen Falle im

Interesse des Minderjährigen die Zwangserziehung geboten ist, so darf er es nicht unterlassen, einzuschreiten. Denn seine Amtspflicht als Vormundschaftsrichter bringt es mit sich, daß er jeweils diejenigen Vorkehrungen zu treffen hat, die nach seiner Ueberzeugung dem Wohle des Minderjährigen am meisten dienen. Es ist ferner klar, daß auch die höheren Gerichte, wenn sie mit der Beschwerde angegangen werden, nicht nur die rechtliche Begründung der Beschlüsse des Vormundschaftsrichters zu berücksichtigen haben, sondern auch die Zweckmäßigkeitsfragen, die für seine Entscheidungen maßgebend waren, nachprüfen dürfen und prüfen müssen.

8. Die Heranziehung öffentlicher Mittel zur Durchführung der Zwangserziehung setzt nicht etwa voraus, daß der zu Erziehende oder die für ihn unterhaltspflichtigen Personen vermögenslos sind. Allerdings wird es in vielen Fällen unnötig sein, von den öffentlichen Mitteln Gebrauch zu machen, wenn sich der beabsichtigte Zweck einer besseren Erziehung schon durch Inanspruchnahme der Eltern oder durch Mitwirkung privater Mildthätigkeit oder der Fürsorge von Vereinen erreichen läßt. Ist es aber nicht zweckmäßig, diesen Weg zu gehen, so müssen die öffentlichen Mittel benützt werden: z. B. wenn die vermögenden Eltern erst im Wege der Klage angehalten werden müßten, die Erziehungskosten zu bestreiten (vergl. A.V. § 5). Die Unterhaltspflichtigen können dann später nach Art. 8 zum Ersatz der Kosten gezwungen werden, die den öffentlichen Kassen erwachsen sind. Ist dagegen die private Hilfe schon geleistet worden, und ist gegen die zur Zeit auf Kosten der Eltern oder Unbeteiligter vollzogene Unterbringung des Minderjährigen nichts einzuwenden, so ist die Zwangserziehung unzulässig, weil diese eben das letzte Hilfsmittel sein soll. (Vergl. hierzu Noelle, Bem. 7 zu § 1 des preußischen Fürsorgeerziehungsgesetzes, Wittig, ebenda, Bem. 2 zu § 2, Schmitz ebenda, 1. Auflage, Bem. 2 zu § 2, Kammergericht, Beschluß v. 23. September 1901, Rechtsprechung der Oberlandesgerichte Bd. III S. 374, Aschrott, Zwangserziehung Minderjähriger S. 13, 14, ferner die A.V. § 3, die insbesondere hervorheben, daß zunächst darauf zu achten ist, ob nicht durch Maßnahmen der Armenpflege Abhilfe geschaffen werden kann und bestimmen, daß die Zwangserziehung nicht dazu dienen darf, Armenlasten abzuwälzen).

9. Die Anordnung der Zwangserziehung ist durch Art. 1 des Gesetzes dem Vormundschaftsgericht überlassen (Zuständigkeit s. Art. 12), dagegen ist der Vollzug der gerichtlichen Anordnung, insbesondere die Entscheidung darüber, welche Art der Zwangserziehung zu erfolgen habe, ob Familien- oder Anstaltserziehung, und die Auswahl der Familie oder Anstalt Sache der Distriktsverwaltungsbehörden.

Art. 2.

Die Staatsanwaltschaften, die Polizeibehörden und die Schulbehörden sind verpflichtet, die zu ihrer Kenntnis gelangenden Thatsachen, welche die Zulässigkeit der Zwangserziehung begründen, dem Vormundschaftsgerichte mitzuteilen.

1. Das Einschreiten des Vormundschaftsgerichts zwecks Einleitung der Zwangserziehung ist von einem förmlichen Antrag nicht abhängig; der Richter hat vielmehr von Amtswegen vorzugehen, sobald ihm Thatsachen zu Ohren kommen, die nach seiner Auffassung zu Maßregeln im Sinne des Art. 1 Anlaß geben können, so z. B. wenn er gelegentlich der Einholung der Erziehungsberichte über die Mündel (vergl. die Ministerialbekanntmachung v. 19. Januar 1900 das Vormundschaftswesen betreffend § 26) von einer Vernachlässigung der persönlichen Fürsorge für ein Kind Kenntnis erhält, oder wenn er als Strafrichter von Verfehlungen der Eltern unterrichtet wird. Anzeigen, die ihm von dritter Seite zugehen, sei es von Privatpersonen oder von Behörden, darf er, auch wenn der Anzeigende zur Wahrnehmung der Fürsorge für den Minderjährigen nicht befugt und berechtigt ist, nicht unberücksichtigt lassen. Auch anonymen Anzeigen muß er nachgehen, soweit nach seinem pflichtgemäßen Ermessen anzunehmen ist, daß die darin enthaltenen Thatsachen Beachtung verdienen. Bezweifelt er, ob die ihm gemachten Mitteilungen geeignet sind, die Anordnung der Zwangserziehung zu rechtfertigen, so hat er den Sachverhalt jedenfalls soweit aufzuklären, daß er bemessen kann, ob zu einer weiteren Thätigkeit ein Anlaß besteht.

Bestimmte Antragsberechtigungen für Verwandte eines Minderjährigen und für Behörden, wie sie z. B. das württembergische Gesetz v. 29. Dezember 1899 in Art. 4 geschaffen hat, kennt das Gesetz nicht. Ueber die Berechtigung zur Einlegung der Beschwerde s. Art. 4 Abs. 3.

Es ist nicht ausgeschlossen, daß die Eltern oder der gesetzliche Vertreter die Zwangserziehung selbst beantragen, damit sie als Zuchtmittel gegen das Kind diene. Dies wird insbesondere dann vorkommen, wenn die Thätigkeit der bisherigen Erzieher unzureichend war und die Zwangserziehung das völlige sittliche Verderben verhüten soll.

2. Gewisse Behörden sind durch Art. 2 gesetzlich verpflichtet, dem Vormundschaftsgerichte die Thatsachen, welche die Zulässigkeit der Zwangserziehung begründen und zu ihrer Kenntnis gelangt sind, mitzuteilen. Eine Pflicht, besondere Nachforschungen nach solchen Thatsachen vorzunehmen, wird durch Art. 2 nicht begründet, kann aber schon durch den allgemeinen Wirkungskreis der betreffenden Behörden — wie z. B. bei den Schulbehörden — gegeben sein. Durch Art. 2 erwächst den Behörden nicht nur die Obliegenheit, selbst ein Einschreiten des Vormundschaftsrichters herbeizuführen, sondern sie müssen auch, wenn sie der Vormundschaftsrichter aus eigener Entschließung um ihr Wissen zur Sache befragt, die von ihnen gemachten Wahrnehmungen angeben. In zweifelhaften Fällen, in denen es fraglich erscheint, ob die Zwangserziehung zulässig ist, dürfen sie von einer Mitteilung an den Vormundschaftsrichter nicht absehen: die Möglichkeit, daß dieser einschreiten werde, muß genügen, um die Verpflichtung zu der Mitteilung zu begründen; denn die endgiltige Entscheidung gebührt dem Richter. Die Behörden, die den im Art. 2 genannten Behörden vorgesetzt sind, haben vermöge der ihnen zustehenden Dienstaufsicht das Recht und die Pflicht, den Vollzug des Art. 2 zu überwachen; sie haben, wenn es nötig sein sollte, anzuordnen, daß eine unterlassene Anzeige nachgeholt werde; eine Ver-

pflichtung zur unmittelbaren Anzeige an das Vormundschaftsgericht ist für sie nicht anzunehmen.

3. Die von Art. 2 betroffenen Behörden sind folgende:

a) Die Staatsanwaltschaften. Es sind hierunter nicht nur die Staatsanwälte bei den Landgerichten zu verstehen, sondern auch die Oberstaatsanwälte und die Amtsanwälte (G.V.G. §§ 142 ff.). Die Hilfsbeamten der Staatsanwaltschaft (§ 153 G.V.G.) sind zu Anzeigen an die Vormundschaftsgerichte nicht verpflichtet, soweit sie nicht etwa zugleich Polizeibehörden im Sinne des Art. 2 sind. Ueber den Umfang der Anzeigepflicht s. A.B. § 8 Abs. 2.

b) Die Polizeibehörden. Dieser Ausdruck umfaßt die Distriktspolizeibehörden (Bezirksämter und Magistrate der unmittelbaren Städte) und die Ortspolizeibehörden (Bürgermeister und Magistrate, vergl. Art. 92, 93, 138 der diesrheinischen und Art. 71 der pfälzischen Gemeindeordnung), sowie die Polizeidirektion München. Dagegen besteht keine Anzeigepflicht für Polizeibeamte, die nicht zugleich Behörden sind, also z. B. nicht für die Gendarmerie und für die städtischen Schutzmannschaften. Diese werden jedoch von den ihnen vorgesetzten Behörden anzuweisen sein, diesen alle von ihnen wahrgenommenen Thatsachen mitzuteilen, die nach Art. 2 in Betracht kommen können, so daß die Behörden selbst in die Lage gesetzt werden, der ihnen obliegenden Pflicht zu genügen. Die Gemeindeverwaltungen in Landgemeinden und die Armenpflegen haben keine Anzeigepflicht.

c) Die Schulbehörden. Damit sind zunächst die äußeren Vollzugsbehörden auf dem Gebiete des Volksschulwesens gemeint, nämlich die Distriktsschulbehörden (dies sind neben den Distriktsverwaltungsbehörden die Distriktsschulinspektionen und in den unmittelbaren Städten die Lokalschulkommissionen) und die Lokalschulbehörden (nämlich in den Landesteilen rechts des Rheins die Lokalschulinspektionen, in den unmittelbaren Städten die Stadtbezirksschulinspektionen und in der Pfalz die Ortsschulkommissionen). Es wird jedoch keinem Bedenken unterliegen, unter die Schulbehörden auch die Rektorate der Mittelschulen zu zählen (vergl. Schulordnung für die humanistischen Gymnasien v. 23. Juli 1891 § 42, für die Realgymnasien v. 3. September 1891 § 42, für die Realschulen v. 29. April 1877 § 28, Weber, Gesetz- und Verordnungssammlung Bd. XX S. 774, XXI, S. 39 und XII, S. 79). Ein gesetzgeberischer Grund, aus dem die Rektorate der Verpflichtung des Art. 2 nicht unterliegen sollten, ist nicht vorhanden.

Der einzelne Lehrer ist durch seine Amtspflicht lediglich gehalten, seiner vorgesetzten Stelle Anzeige zu erstatten, wenn er eine Vernachlässigung in der häuslichen Erziehung seiner Schüler wahrnimmt. Den Geistlichen als solchen und den Pfarrämtern liegt keine Anzeigepflicht ob.

4. Zu den in Art. 2 genannten Behörden tritt auf Grund reichsrechtlicher Vorschrift der Gemeindewaisenrat. Gemäß § 1850 B.G.B. hat dieser über alle in seinem Bezirke sich aufhaltenden Mündel eine fortlaufende Aufsicht zu führen: er hat — auch ohne besondere Anweisung des Vormundschaftsrichters — darüber zu wachen, daß die Vormünder für die Person der Mündel, insbesondere für ihre Erziehung und körperliche Pflege pflichtmäßig Sorge tragen.

Mängel und Pflichtwidrigkeiten, die er in dieser Hinsicht wahrnimmt, hat er dem Vormundschaftsgericht anzuzeigen und er hat auf dessen Aufforderung jederzeit über das persönliche Ergehen und das Verhalten eines Mündels Auskunft zu erteilen. Weniger weit gehen seine Befugnisse und Pflichten hinsichtlich der unter elterlicher Gewalt stehenden Minderjährigen: eine Ueberwachung der Eltern in der Ausübung ihrer Erziehungsrechte steht ihm nicht zu, er hat dem Vormundschaftsgericht nur dann Anzeige zu machen, wenn ein Fall zu seiner Kenntnis gelangt, in dem dieses zum Einschreiten berufen ist; eine besondere Nachforschung zwecks Feststellung von Pflichtwidrigkeiten der Eltern ist ihm nicht gestattet (§ 1675 B.G.B., vergl. hierzu Planck Bem. 1 zu § 1675 B.G.B., Staudinger ebenda Bem. 1, Anweisung zur Führung des Waisenratsamts in der Bekanntmachung v. 22. Dezember 1899, J.M.Bl. 1899 S. 575).

5. Eine Erweiterung erhält Art. 2 noch durch instruktionelle Vorschriften in § 8 Abs. 4, 5 der A.V., welche die Anzeigepflicht auf die Amtsärzte und die Verwaltungen der Strafanstalten ausdehnen.

Art. 3.

Vor der Anordnung der Zwangserziehung hat das Vormundschaftsgericht, wenn es ohne erhebliche Verzögerung und ohne unverhältnismäßige Kosten geschehen kann, die Eltern und den gesetzlichen Vertreter des Minderjährigen, sowie den Minderjährigen selbst, wenn er das vierzehnte Lebensjahr vollendet hat, ferner das Pfarramt und, sofern der Minderjährige noch eine Schule besucht, die zuständige Schulbehörde zu hören.

Die Akten sind sodann der Distriktsverwaltungsbehörde zur Aeußerung mitzuteilen. Die Distriktsverwaltungsbehörde hat der Heimatgemeinde und, wenn der Minderjährige in Bayern eine Heimat nicht besitzt, dem Kreisfiskalate Gelegenheit zu geben, sich über die Anordnung und die Art der Zwangserziehung zu äußern.

1. Welche Ermittelungen der Vormundschaftsrichter im einzelnen Falle vor der Anordnung der Zwangserziehung zu pflegen hat, ist im allgemeinen seinem Ermessen überlassen. Doch sind ihm durch Art. 3 gewisse Erhebungen vorgeschrieben, deren Vornahme er sich nicht entziehen darf. Im übrigen wird sich der Vormundschaftsrichter auf verschiedene Arten die notwendigen Unterlagen für seine Entscheidung verschaffen können: er kann Zeugen und Sachverständige (vor allem Aerzte) vernehmen (Art. 12 des Gesetzes mit § 15 G.F.G.), er kann sich durch persönlichen Augenschein an Ort und Stelle von den häuslichen Verhältnissen des Minderjährigen überzeugen, er kann die Polizeibehörden um Vornahme der erforderlichen Erhebungen ersuchen und wird zweckmäßiger Weise stets auch eine gutachtliche Aeußerung des Gemeindewaisenrats erholen. Die Aufnahme der Beweise hat von Amtswegen zu erfolgen, ohne daß es besonderer An-

träge bedarf (§ 12 G.F.G.). Das Gericht hat auch von Amtswegen die Thatsachen festzustellen, die etwa gegen die Anordnung der Zwangserziehung sprechen.

2. Vorgeschrieben ist zunächst die Anhörung gewisser am Ausgange des Verfahrens mehr oder weniger beteiligter Personen, nämlich der Eltern und des gesetzlichen Vertreters des Minderjährigen, sowie des Minderjährigen selbst, wenn er das 14. Lebensjahr vollendet hat. Es versteht sich von selbst, daß noch weitere Verwandte und Verschwägerte des Minderjährigen gehört werden können (z. B. Geschwister, Großeltern) und der Minderjährige auch dann, wenn er noch nicht 14 Jahre alt ist. Im einzelnen ist folgendes zu bemerken:

a) Die „Anhörung" ist gleichbedeutend mit der Gewährung der Möglichkeit, sich zur Sache zu äußern. Die abgegebenen Aeußerungen tragen weniger den Charakter einer Zeugenaussage — wünscht der Richter eine solche, so kann er die zeugschaftliche Vernehmung der betreffenden Personen anordnen — als den eines Gutachtens und einer Geltendmachung der eigenen Interessen an dem Ausgange der Sache. Es steht an sich nichts im Wege, daß die Anhörung auch dadurch erfolgt, daß eine schriftliche Aeußerung entgegengenommen wird (vergl. v. Liszt-Duensing, die Zwangserziehung in den Rechtsbüchern für das deutsche Volk S. 33), zweckmäßig wird jedoch stets die mündliche Vernehmung sein, entweder vor dem mit der Sache befaßten Gerichte selbst oder vor dem ersuchten Richter.

b) die Anhörung kann unterbleiben, wenn sie ohne erhebliche Verzögerung und ohne unverhältnismäßige Kosten nicht geschehen kann, wenn also z. B. die anzuhörende Person im Auslande weilt oder ihr Aufenthalt unbekannt ist oder wenn sie in eine Krankheit verfallen ist, die ihr eine Aeußerung unmöglich macht und deren Heilung in absehbarer Zeit nicht zu erwarten ist. Steht ein Elternteil wegen Geisteskrankheit oder Geistesschwäche unter Vormundschaft oder ist ihm wegen körperlicher Gebrechen ein Pfleger bestellt und ist er zu einer Aeußerung selbst nicht imstande, so wird sein gesetzlicher Vertreter zu hören sein.

c) wenn das Gesetz neben den Eltern den gesetzlichen Vertreter des Minderjährigen nennt, so hat es damit wohl zunächst die Fälle im Auge, in denen den Eltern die Befugnis zur gesetzlichen Vertretung nicht zusteht, also z. B. neben der unehelichen Mutter ein Vormund bestellt ist, oder wenn die verwitwete Mutter eine neue Ehe eingegangen hat (vergl. die oben in Bem. 4 l. b Abs. 2 zu Art. 1 erwähnten Fälle). Es fragt sich jedoch, ob nicht auch dann, wenn die Eltern zur gesetzlichen Vertretung des Kindes befugt sind, dennoch ein besonderer gesetzlicher Vertreter zur Wahrnehmung der Rechte und Interessen des Minderjährigen bei dem Verfahren über die Anordnung der Zwangserziehung aufgestellt werden muß.

Der Wortlaut des Art. 3 steht dieser Annahme jedenfalls nicht entgegen und innere Gründe sprechen für sie. Der Minderjährige ist an dem Verfahren unmittelbar beteiligt, seine Interessen und sein Wohlergehen werden durch den Ausgang der Sache aufs schärfste berührt, das Eingreifen des Gerichts richtet sich, wenn auch nicht rechtlich, so doch thatsächlich gegen ihn. Er muß also in dem Verfahren vertreten sein, Anträge stellen und Aeußerungen abgeben können. Durch seine eigene Anhörung wird aber dieses sein Recht nicht ausreichend gewahrt. Abgesehen davon, daß seine Aeußerungen eine rechtliche Bedeutung nicht beanspruchen können, sondern nur thatsächliche Berücksichtigung finden werden, ist von ihm selbst auch weder einer erschöpfende noch eine sachlich richtige und objektive Würdigung seiner Interessen zu erwarten.

Der Elternteil aber, dem die Gewalt über das Kind zusteht, wird sein Recht zur gesetzlichen Vertretung in diesem Verfahren nicht ausüben können, weil er im entgegengesetzten Interesse beteiligt ist; denn die Anordnung der Zwangserziehung greift unmittelbar beschränkend in seine elterlichen Rechte ein, abgesehen davon, daß in den meisten Fällen das Verfahren gerade wird festzustellen haben, ob nicht die Persönlichkeit und die Verhältnisse der Eltern einen Anlaß zum Einschreiten bieten. Man wird sich also der Folgerung nicht entziehen können, daß in allen Fällen, in denen die Eltern bisher die elterliche Gewalt unbeschränkt besaßen, für das Verfahren selbst ein Pfleger (§ 1909 B.G.B.) aufzustellen ist, der die Rechte des Minderjährigen zu wahren hat. Ein Pfleger muß folgerecht auch bestellt werden, wenn der Minderjährige unter Vormundschaft steht, der Vormund aber an der Sache selbst beteiligt ist, z. B. weil festzustellen ist, ob er nicht selbst die Verwahrlosung seines Mündels verschuldet hat (vergl. zu der Frage Noelle Bem. 11a zu §§ 3, 4 des preußischen Zwangserziehungsgesetzes, Wittig ebenda, Bem. 15 zu § 4, Johow Jahrbuch Bd. VIII S. 8, Beschluß des Oberlandesgerichts Rostock v. 26. September 1901, Rechtsprechung der Oberlandesgerichte Bd. III S. 298).

d) Benützen die nach Art. 3 zu hörenden Personen die ihnen gebotene Gelegenheit zu einer Aeußerung nicht, so kann der Richter von ihrer weiteren Berücksichtigung absehen. Dies ist insbesondere dann der Fall, wenn sie trotz ordnungsmäßiger Ladung nicht erscheinen. Glaubt jedoch der Richter, daß die Vernehmung im Interesse besserer Aufklärung des Sachverhalts nicht umgangen werden kann, so wird er gut thun, durch Beweisbeschluß die zeugschaftliche Vernehmung der Eltern anzuordnen und dann ihr Erscheinen durch die in C.P.O. § 380 vorgesehenen Maßregeln zu erzwingen, gegen den beteiligten Vormund oder Pfleger aber mit Ordnungsstrafen vorzugehen, um ihn zur Erfüllung seiner Pflichten anzuhalten (§ 1837 Abs. 2, § 1915 B.G.B., § 33 G.F.G.). Die Aeußerung des Minderjährigen — die wegen des persönlichen Eindrucks für das Gericht von besonderer Bedeutung sein kann — läßt sich durch dessen zwangsweise Vorführung erzwingen. Denn gemäß § 13 G.F.G. kann das Gericht jederzeit das persönliche Erscheinen der Parteien anordnen (vergl. Schneider a. a. O. Bem. 3) und, wenn auch reichsrechtlich die zwangsweise Durchführung eines solchen Beschlusses nicht vorgesehen ist, so bietet doch Art. 130 A.G. zum B.G.B. die Möglichkeit, die Vorführung anzuordnen. Diese Auslegung des Art. 130 A.G. zum B.G.B. wird zwar nicht allgemein anerkannt, erhält aber eine wesentliche Stütze durch § 201 Nr. 3 der Geschäftsanweisung für die Gerichtsvollzieher v. 28. April 1900 (J.M.Bl. S. 737).

3. Neben den in Art. 3 genannten Privatpersonen sind auch noch

vor der Anordnung der Zwangserziehung zwei Behörden zu einer Aeußerung zu veranlassen, nämlich das zuständige Pfarramt — d. h. das Pfarramt, zu dessen Seelsorgebezirk der Minderjährige gehört — und die zuständige Schulbehörde, wenn der Minderjährige noch eine Schule besucht. Unter der Schulbehörde ist in der Regel die Ortsschulbehörde zu verstehen (vergl. hierzu Bem. 3 l. c zu Art. 2) oder, wenn es sich um eine Mittelschule handelt, deren Rektorat u. s. w. Gehört der Minderjährige keiner Religionsgemeinschaft an, so erfolgt eine Anhörung des Pfarramts nicht, bei den einer nicht staatlich anerkannten Religionsgemeinschaft angehörigen Minderjährigen wird der Richter die Anhörung des betreffenden Geistlichen oder Predigers anordnen (vergl. Noclle Bem. 11 l. b zu §§ 3, 4 des preußischen Zwangserziehungsgesetzes, A.B. § 11 Abs. 1).

Die im Art. 3 genannten Behörden werden unter Mitteilung des wesentlichen Sachverhalts zu einer schriftlichen Aeußerung aufzufordern sein, doch ist es nicht ausgeschlossen, daß ihre Vorstände sich mit dem Vormundschaftsrichter mündlich ins Benehmen setzen. Zur Abgabe einer Aeußerung sind die Behörden vermöge ihrer Amtspflicht gehalten; wird die Aeußerung verweigert, so kann sich der Vormundschaftsrichter an die vorgesetzte Dienstaufsichtsbehörde wenden, wenn er nicht eine Aeußerung überhaupt für entbehrlich erachtet.

4. Wenn die Verhandlungen soweit gediehen sind, daß sich ein Ueberblick über die Sachlage gewinnen läßt, insbesondere den Vorschriften des Art. 3 Abs. 1 genügt ist, so sind die Akten der zuständigen Distriktsverwaltungsbehörde — vergl. Art. 12 Abs. 2 — zur Aeußerung mitzuteilen. Die bloße Mitteilung eines Aktenauszugs, der den wesentlichen Sachverhalt angibt, oder einzelner Aktenstücke ist unzureichend und unzulässig, die Distriktsverwaltungsbehörde kann und muß die Zuleitung der gesamten Akten verlangen. Sie hat sodann der Heimatgemeinde und, wenn der Minderjährige keine Heimat in Bayern besitzt, dem Kreisfiskalate Gelegenheit zu geben, sich über die Anordnung und die Art der Zwangserziehung zu äußern. In welcher Weise sie dies thut, bleibt ihr überlassen; die Zuleitung der Akten ist zweckmäßig, aber nicht unbedingt notwendig: eine schriftliche Aufforderung zur Aeußerung unter Mitteilung aller erheblichen Punkte kann genügen. Unzulässig ist es, daß sich das Vormundschaftsgericht selbst unmittelbar an die Heimatgemeinde oder das Kreisfiskalat wendet. Ueber den Fall, daß die Heimat des Minderjährigen nicht feststeht s. A B. § 12 Abs. 3.

Wenn sich die Heimatgemeinde oder das Kreisfiskalat geäußert haben, so hat die Distriktsverwaltungsbehörde unter Abgabe eines eigenen Gutachtens die Akten an das Amtsgericht zurückzusenden. Es wird ihr nicht verwehrt sein, vorher selbst noch Ermittelungen zu pflegen, die nach ihrer Anschauung für ihre Aeußerung von Belang sein werden und zur Aufklärung des Sachverhalts dienen können. Sie kann auch das Amtsgericht auf eine etwaige Unvollständigkeit der Akten aufmerksam machen, muß aber, wenn dieses weitere Erhebungen für unnötig hält, seine Aeußerung nach Lage der Sache abgeben und kann sie nicht von einer Ergänzung der Beweisaufnahme abhängig machen.

Art. 4.

Das Vormundschaftsgericht hat über die Anordnung der Zwangserziehung einen förmlichen Beschluß zu fassen, in welchem der Eintritt der gesetzlichen Voraussetzungen unter Bezeichnung der für erwiesen erachteten Thatsachen festzustellen ist.

Bei Gefahr auf Verzug kann das Vormundschaftsgericht, auch bevor das Verfahren abgeschlossen ist, durch einen schriftlichen, mit Gründen versehenen Bescheid eine vorläufige Unterbringung anordnen.

Die Verfügung des Vormundschaftsgerichts, durch welche die Zwangserziehung oder die vorläufige Unterbringung angeordnet wird, ist den Eltern und dem gesetzlichen Vertreter des Minderjährigen, dem Minderjährigen selbst, wenn er das vierzehnte Lebensjahr vollendet hat, der Distriktsverwaltungsbehörde und der Heimatgemeinde zuzustellen und kann von ihnen mit sofortiger Beschwerde angefochten werden. Die Beschwerde gegen die die Zwangserziehung anordnende Verfügung hat aufschiebende Wirkung.

1. Nach Abschluß der erforderlichen Erhebungen hat das Vormundschaftsgericht über die Anordnung der Zwangserziehung einen förmlichen Beschluß zu fassen, der mit Gründen zu versehen ist, in welchen der Eintritt der gesetzlichen Voraussetzungen unter Bezeichnung der für erwiesen erachteten Thatsachen festzustellen ist (Abs. 1). Diese Vorschrift bezieht sich nur auf den Fall, daß die Zwangserziehung angeordnet wird, nicht auch auf den Fall, daß sie abgelehnt wird. Der Beschluß muß insbesondere erkennen lassen, daß die Zwangserziehung auf Grund des gegenwärtigen Gesetzes, also unter Inanspruchnahme öffentlicher Mittel erfolgt (vergl. hierher A.V. § 13).

Wird die Zwangserziehung nicht angeordnet, so ist die Fassung eines besonderen Beschlusses gesetzlich nicht vorgeschrieben, sie kann aber gleichwohl erfolgen, wenn sie vom Richter für erforderlich erachtet wird und wird nicht zu umgehen sein, wenn ein förmlicher Antrag vorliegt.

2. Der Beschluß des Vormundschaftsgerichts, durch den die Zwangserziehung angeordnet wird, ist den Eltern des Minderjährigen, seinem gesetzlichen Vertreter (vergl. hierzu Bem. 2 l. c zu Art. 3), dem Minderjährigen selbst, wenn er das 14. Lebensjahr vollendet hat, der Distriktsverwaltungsbehörde (s. Art. 12 Abs. 2) und der Heimatgemeinde des Minderjährigen zuzustellen. Besitzt der Minderjährige in Bayern eine Heimat nicht, so findet eine Zustellung an das Kreisfiskalat nicht statt: der Antrag des Ausschusses der Kammer der Abgeordneten, auch die Zustellung an diese Behörde anzuordnen, fand im Plenum keine Zustimmung. Die Zustellung hat gemäß § 16 G.F.G. und Art. 12 von Amtswegen nach den hierfür bestehenden

Vorschriften der C.P.O. (§§ 208—213) zu erfolgen (vergl. die Bekanntmachung v. 16. Dezember 1899, J.M.Bl. S. 475 ff., insbesondere § 2, §§ 46—53). Die Distriktsverwaltungsbehörde erhält zwei Ausfertigungen des Beschlusses (A.V. § 18).

Wird die Zwangserziehung nicht angeordnet, so ist zu unterscheiden, ob ein förmlicher Antrag vorlag, der auf die Anordnung abzielte oder nicht. Ersterenfalls wird gemäß § 16 Abs. 1 G.F.G. die gerichtliche Verfügung demjenigen zuzustellen sein, für den sie nach ihrem Inhalte bestimmt ist, d. h. dem Antragsteller selbst. Da in einem solchen Falle durch die Verfügung eine Frist nicht in Lauf gesetzt wird (s unten Bem. 3 l. c), so kann die Verfügung einem Antragsteller, der anwesend ist, zu Protokoll eröffnet werden, wobei ihm auf Verlangen eine Abschrift der Verfügung zu erteilen ist (§ 16 Abs. 3 G.F.G.); ist der Antragsteller nicht anwesend, so kommen die Bestimmungen des § 16 Abs. 2 Satz 2 G.F.G. und der Bekanntmachung v. 16. Dezember 1899, §§ 48—51 zur Anwendung.

Lag ein förmlicher Antrag auf Anordnung der Zwangserziehung nicht vor, sind z. B. lediglich Anzeigen der in Art. 2 genannten Behörden eingelaufen und gelangt der Vormundschaftsrichter zu der Ueberzeugung, daß sein Eingreifen nicht erforderlich und nicht zulässig sei, so bedarf es einer besonderen Bekanntmachung der Entscheidung — die ja jederzeit auch von Amtswegen wieder abgeändert werden kann — nicht, doch wird es in manchen Fällen angezeigt sein, die mitteilende Behörde von der getroffenen Entscheidung zu verständigen, was formlos durch ein Schreiben oder eine Note von kurzer Hand geschehen kann. Durch § 16 der A.V. ist dem Gerichte geboten, auch einen ablehnenden Beschluß der Distriktsverwaltungsbehörde zuzustellen, wenn es dieser die Akten zur Aeußerung mitgeteilt hat.

3. a) Das Beschwerderecht ist, wenn der Beschluß auf Anordnung der Zwangserziehung lautet, durch Abs. 3 ausdrücklich den Eltern, dem gesetzlichen Vertreter des Minderjährigen, diesem selbst, wenn er das 14. Lebensjahr vollendet hat, der Distriktsverwaltungsbehörde und der Heimatgemeinde des Minderjährigen — nicht auch dem Kreisfiskalate — beigelegt. Die Beschwerde kann, wenn mehrere Vormünder oder mehrere Pfleger für den Mündel zur gemeinschaftlichen Führung des Amtes bestellt sind, von jedem selbständig eingelegt werden (§ 58 G.F.G.). § 59 G.F.G. ist durch Abs. 3 für das Gebiet des gegenwärtigen Gesetzes außer Wirksamkeit gesetzt.

Die Beschwerde ist eine sofortige Beschwerde und hat stets aufschiebende Wirkung; die Beschwerdefrist beginnt mit der Zustellung des Beschlusses und beträgt zwei Wochen (§ 22 Abs. 1 G.F.G., über die Wiedereinsetzung in den vorigen Stand s. Abs. 2 a. a. O.); über die Beschwerde entscheidet die Zivilkammer des Landgerichts (§ 19 Abs. 2, 30 Abs. 1 Satz 1 G.F.G.); die Einlegung erfolgt beim Beschwerdegericht oder beim Amtsgericht, und zwar entweder in der Form eines Schriftsatzes oder zu Protokoll des Gerichtsschreibers (§ 21 G.F.G.), die Geltendmachung neuer Thatsachen und Beweise ist zulässig (§ 22 G.F.G.). Die Entscheidung des Beschwerdegerichts ist mit Gründen zu versehen (§ 25 G.F.G.), sie kann mit weiterer Beschwerde angefochten werden, die aber nur auf eine Verletzung des Gesetzes gestützt werden kann (§ 27 G.F.G.). Auch die weitere Beschwerde ist die sofortige, sie ist entweder zu Protokoll des Gerichtsschreibers oder mittels eines von einem Rechtsanwalt unterzeichneten Schriftsatzes einzulegen, die Beschwerden von Behörden bedürfen der Unterzeichnung durch einen Rechtsanwalt nicht (§ 29 G.F.G.). Ueber die weitere Beschwerde wird von einem Zivilsenat des obersten Landesgerichts entschieden (§§ 28 Abs. 1, 199 G.F.G., Art. 42 Abs. 3 A.G. zum G.V.G. in der Fassung des Art. 167 Nr. XII A.G. zum B.G.B).

b) Durch Abs. 3 wird der Kreis der zur Beschwerde berechtigten Personen nicht vollständig begrenzt. Da durch Art. 12 die Vorschriften des G.F.G. ausdrücklich aufrecht erhalten sind, kommen auch dessen Bestimmungen über die Befugnis zur Beschwerde zur Anwendung. Aus der allgemeinen Vorschrift des § 20 G.F.G., der das Beschwerderecht jedem gewährt, dessen Recht durch eine gerichtliche Verfügung beeinträchtigt ist, wird sich nicht ergeben, daß noch weitere Personen als die im Abs. 3 genannten die Befugnis zur Einlegung des Rechtsmittels besitzen. Denn § 20 G.F.G. setzt ein Recht des betreffenden Beteiligten, nicht ein bloßes Interesse voraus (vergl. Schneider a. a. O. Bem. 2, Dorner a. a. O. Bem. 2) und durch die Anordnung der Zwangserziehung werden doch wohl nur die Rechte der im Abs. 3 des Art. 4 schon berücksichtigten Eltern eingeschränkt. Dagegen wird der Kreis der Beschwerdeberechtigten durch § 57 Nr. 8 u. 9 G.F.G. erweitert. Denn diese gesetzlichen Bestimmungen setzen nicht ein Recht oder ein rechtliches Interesse des Beschwerdeberechtigten voraus, sondern nur ein berechtigtes Interesse, Angelegenheiten wahrzunehmen, welche die Sorge für die Person eines Kindes oder Mündels betreffen. Die Anwendung des § 57 Nr. 9 G.F.G. ist nicht etwa deswegen unstatthaft, weil in Abs. 2 des § 57 bestimmt ist, daß die Nr. 9 für die Fälle der sofortigen Beschwerde keine Geltung habe und weil Art. 4 Abs. 3 unseres Gesetzes von einer sofortigen Beschwerde spricht. Nach dem Zusammenhang der verschiedenen gesetzlichen Bestimmungen, wie er sowohl in der Begründung zum Regierungsentwurf, als auch in den Landtagsverhandlungen mehrfach klargestellt wurde, sollte durch Art. 4 Abs. 3 das Beschwerderecht Dritter nicht eingeschränkt, sondern nur für die in ihm erwähnten Personen und Behörden als die zunächst Beteiligten, die sofortige Beschwerde eingeführt werden (A.M. Englert S. 67). Das Rechtsmittel der anderen Beteiligten ist daher eine einfache Beschwerde, und diese ist an keine Frist gebunden, hiernach ist auch eine Zustellung des Beschlusses an andere als die in Abs. 3 genannten Behörden und Privatpersonen nicht vorgeschrieben. Aufschiebende Wirkung wird dieser Beschwerde nicht beizulegen sein.

Als Beschwerdeberechtigte können nach § 57 Nr. 8 u. 9 G.F.G. insbesondere auftreten: Entferntere Verwandte und Verschwägerte des Minderjährigen, vor allem die Großeltern, weil diese ein berechtigtes Interesse haben, sich um die Erziehung und das Wohlergehen eines Kindes zu kümmern, ferner die Schulbehörden, weil diesen vermöge ihrer Amtspflicht die Sorge für die Person der Kinder obliegt, die Geistlichen, denen die Seelsorge für den zu Erziehenden anvertraut ist, Pflegeeltern, die den Minderjährigen bisher thatsächlich aus eigenen Mitteln versorgt und erzogen haben, unter Umständen auch Vereine, die sich mit der Obsorge für die heranwachsende Jugend befassen. Die Armenpflegen werden durch das Beschwerderecht der Heimatgemeinden gedeckt und kommen daher hier nicht weiter in Betracht. Der Gemeindewaisenrat hat kein Beschwerderecht, denn er ist nur Hilfsorgan des Vormundschafsrichters, Rechtsmittel gegen die Entscheidung des ihm übergeordneten Gerichts wären mit seiner Stellung unvereinbar (vergl. Planck, Kommentar zum B.G.B. Bd. IV S. 600 Bem. 4, a. M. Kammergericht, Beschl. v. 9. Juli 1900, Schneider Bem. 26 zu § 57 G.F.G.). Wer durch die Anordnung des Vormundschaftsgerichts zwar in seinen Interessen beeinträchtigt wird, aber keine Befugnis hat, sich um die Person des Minderjährigen zu kümmern, hat kein Beschwerderecht, z. B. nicht, wer bisher die Arbeitskraft eines Kindes zu seinem Vorteil ausgenützt hat.

c) Für den Fall, daß die Anordnung der Zwangserziehung abgelehnt wird, trifft das Gesetz keine Bestimmung über die Beschwerdeberechtigung. Es bewendet sonach bei den §§ 20 und 57 Nr. 8 und 9 des G.F.G.. § 20 wird sich wohl kaum verwerten lassen, weil durch die Ablehnung einer Zwangsmaßregel Rechte nicht beeinträchtigt werden können. Dagegen wird man auf Grund des § 57 Nr. 9 nicht nur entfernteren Verwandten, sondern auch den Schulbehörden, den Geistlichen und den Armenpflegen ein Beschwerderecht zugestehen müssen, ebenso der Distriktsverwaltungsbehörde nach der ganzen Stellung, die ihr im Gesetze eingeräumt ist. Praktisch werden die ersteren ein solches freilich meistens nur dann ausüben können, wenn sie zunächst einen förmlichen Antrag auf Anordnung der Zwangserziehung gestellt haben, weil sie sonst regelmäßig von den Entscheidungen des Vormundschaftsrichters keine Kenntnis haben werden, während die Distriktsverwaltungsbehörde, wenn sie sich im Verfahren geäußert hat, stets eine Ausfertigung des Beschlusses erhält (s. oben Bem. 2 Abs. 3 i. f.) und damit in die Lage versetzt ist, den Sachverhalt zu beurteilen. Dagegen wird man weder dem Minderjährigen selbst, noch auch regelmäßig dem gesetzlichen Vertreter oder dem zur Wahrnehmung der Rechte des Minderjährigen im Verfahren etwa bestellten Pfleger ein Beschwerderecht zugestehen können, denn diese Personen haben keinerlei rechtliches oder berechtigtes Interesse an der Ablehnung eines gerichtlichen Einschreitens, gehören überhaupt nicht zu den Personen, an die im § 57 Nr. 9 gedacht ist (vergl. die Bestimmung in § 4 Abs. 4 des preußischen Gesetzes vom 2. Juli 1900, auch Beschluß des Kammergerichts v. 28. Oktober 1901, Rechtsprechung der Oberlandesgerichte Bd. III S. 396). Ausnahmsweise werden Eltern und Vormund ein Beschwerderecht dann haben, wenn sie die Zwangserziehung als Zuchtmittel gegen das Kind selbst beantragt haben (s. oben Bem. 1 zu Art. i. f.).

Die Beschwerde gegen die Ablehnung der Zwangserziehung ist stets die einfache Beschwerde.

d) Ueber Mitteilung der im Beschwerdeverfahren ergangenen Entscheidungen an die Distriktsverwaltungsbehörde s. A.V. § 17.

4. Vor Abschluß des Verfahrens kann das Vormundschaftsgericht, wenn nach seinem Ermessen Gefahr auf Verzug ist, durch einen schriftlichen mit Gründen versehenen Bescheid eine vorläufige Unterbringung anordnen. Eine solche Maßregel ist zulässig, sobald einmal das Gericht mit der Sache überhaupt befaßt ist, sie ist auch noch zulässig

nach Erlassung des die Anordnung der Zwangserziehung aussprechenden Beschlusses, solange dieser noch nicht rechtskräftig ist (Kiene, Bem. IV zu Art. 6 des württembergischen Zwangserziehungsgesetzes). Die Anordnung der vorläufigen Unterbringung kann auch mit dem Beschlusse verbunden werden, der die Zwangserziehung selbst anordnet. Der vorgängigen Aufstellung und Vernehmung eines Pflegers für den Minderjährigen bedarf es bei solchen Maßregeln nicht (vergl. Kammergericht Beschluß v. 4. Januar 1901, Rechtsprechung der Oberlandesgerichte Bd. II S. 264).

Hinsichtlich der Zustellung des Beschlusses und der Beschwerde gegen ihn hat zu gelten, was in Bem. 2 und 3 ausgeführt ist. Doch hat die Beschwerde niemals aufschiebende Wirkung, mit der Ausführung des Beschlusses braucht nicht bis zu seiner Rechtskraft zugewartet zu werden. Wird er aber angefochten, so kann sowohl das Beschwerdegericht anordnen, daß seine Vollziehung auszusetzen sei, als auch das Amtsgericht selbst (§ 24 Abs. 2, 3 G.F.G.).

Ueber die Kosten der vorläufigen Unterbringung s. Art. 8 Abs. 4.

Art. 5.

Der Vollzug der gerichtlichen Anordnung, insbesondere die Entscheidung darüber, ob der Minderjährige in einer Familie oder in einer Besserungsanstalt unterzubringen ist, obliegt der Distriktsverwaltungsbehörde.

Auf das Glaubensbekenntnis des Minderjährigen muß bei der Auswahl der Familie oder der Anstalt Rücksicht genommen werden.

1. Ist die Zwangserziehung einmal durch gerichtlichen Beschluß angeordnet, so hat das gerichtliche Verfahren zunächst sein Ende erreicht und die weitere Verfügung gebührt der nach Art. 12 Abs. 2 zuständigen Distriktsverwaltungsbehörde: die Ausführung des Beschlusses ist eine polizeiliche Angelegenheit. Die Distriktsverwaltungsbehörde hat zunächst zu prüfen, ob die Rechtskraft des Beschlusses eingetreten ist. Ist diese festgestellt, so muß der Beschluß vollzogen werden; zu einer nochmaligen Nachprüfung der Gesetzmäßigkeit der Entscheidung ist die Polizeibehörde nicht befugt. Die weitere Thätigkeit der Distriktsverwaltungsbehörden ist eine zweifache: sie haben den Ort der Unterbringung, die Familie oder die Anstalt, zu bestimmen und den Beschluß sodann thatsächlich auszuführen, indem sie den Minderjährigen an den Platz seiner nunmehrigen weiteren Erziehung verbringen.

Darüber, in welcher Weise die Anordnungen der Distriktsverwaltungsbehörden von den beteiligten Behörden oder Privatpersonen angefochten werden können, machte sich in den Verhandlungen der Kammer der Abgeordneten v. 9. Januar 1902 eine höchst sonderbare Auffassung geltend, indem der Abgeordnete Keßler unter dem Beifall des Berichterstatters Reeb ausführte, daß auch gegen die Beschlüsse der Distriktsverwaltungsbehörde die Beschwerde nach den Bestimmungen des G.F.G. zulässig sei, und daß auch diese Beschwerde die sofortige sei. Der Art. 12 des Gesetzes, auf den er sich dabei stützte, sagt hiervon — wie ja auch schon aus inneren Gründen selbstverständlich ist — nicht das Geringste: er beschränkt die Geltung der Vorschriften über die Behandlung der Vormundschaftssachen ausdrücklich auf das Verfahren und die Zuständigkeit der Gerichte. Eine weitere Widerlegung verdient diese Anschauung wohl nicht.

Was die Distriktspolizeibehörde thut, ist reine Verwaltungsmaßregel; ihre Anordnungen unterliegen der Beaufsichtigung durch die vorgesetzten Dienstbehörden, also die Kreisregierungen, Kammern des Innern und das Staatsministerium des Innern. Wer sich daher durch die Entschließungen der Distriktsverwaltungsbehörden beschwert glaubt, kann sich mit der Aufsichtsbeschwerde an die höheren Stellen wenden, er braucht hierbei keine Frist einzuhalten und kann seine Beanstandungen sowohl darauf stützen, daß die getroffene Maßregel dem Gesetze nicht entspreche, als auch, daß sie ungeeignet und unzweckmäßig sei. Es ist klar, daß auch dem Vormundschaftsgerichte diese Dienstaufsichtsbeschwerde zusteht, wenn die Verwaltungsbehörde sich weigert, einen Beschluß zu vollziehen, oder wenn die von ihr gewählte Art der Unterbringung das Wohl des Minderjährigen zu gefährden scheint. Die Beschwerdeberechtigung ist überhaupt nicht an einen bestimmten Kreis von Personen gebunden und die höheren Behörden können auch von Amtswegen abändernd eingreifen.

2. Bei der Auswahl des Unterbringungsortes hat die Distriktsverwaltungsbehörde zwei Möglichkeiten, sie kann den Minderjährigen einer geeigneten Familie überweisen oder ihn in einer Erziehungs- oder Besserungsanstalt unterbringen. Aus der Voranstellung der „Familie" in Art. 5 soll, worauf in den Landtagsverhandlungen übertriebenes Gewicht gelegt wurde, gefolgert werden, daß die Familienerziehung die Regel bilden solle. Die A.V. (§ 28 Abs. 2) schreiben das Gleiche vor, praktisch wird sich die Sache wohl umgekehrt gestalten, denn die Familien, die verwahrloste Kinder aufzunehmen bereit sind und fähig sind, solche zu bessern, werden sehr dünn gesät sein (vergl. die Einleitung unter 7).

Nach dem von der Kommission zugefügten Abs. 2 des Art. 5 muß bei der Auswahl der Familie oder der Anstalt auf das Glaubensbekenntnis des zu Erziehenden Rücksicht genommen werden. Der Wortlaut des Abs. 2 läßt erkennen, daß es nicht unbedingt notwendig ist, einen Minderjährigen in einer Familie oder Anstalt unterzubringen, in der sich nur Angehörige seines Glaubensbekenntnisses befinden. Vielmehr ist lediglich zu beachten, daß in der Familie oder Anstalt in der die Unterbringung erfolgen soll, für die Erziehung des Minderjährigen in den Lehren seiner Konfession genügend Sorge getragen wird und daß eine Verletzung seines religiösen Empfindens in der neuen Umgebung ausgeschlossen ist. Es ist daher nicht unzulässig, eine Familie zu wählen, in der wenigstens ein Teil oder die Mehrzahl der Familienglieder dem Glaubensbekenntnis des Minderjährigen angehört und auch Anstalten mit gemischten Bekenntnis der Zöglinge können benützt werden, wenn für den Religionsunterricht beider Teile ausreichend Vorsorge getroffen ist (vergl. A.V. § 25).

An die einmal getroffene Wahl ist die Distriktsverwaltungsbehörde nicht gebunden, sie kann die Art der Unterbringung ändern.

3. Hat die Distriktsverwaltungsbehörde die Wahl des Unterbringungsortes getroffen, so hat sie den Beschluß und zwar, wenn nötig, durch Anwendung unmittelbarer Gewalt auszuführen, indem sie den Minderjährigen in die gewählte Familie oder Anstalt verbringt. Die Gewaltanwendung kann sich gegen den zu Erziehenden selbst, aber auch gegen Dritte richten, die seine Herausgabe verweigern oder zu verhindern suchen (vergl. auch die Strafbestimmung in Art. 13).

Zur Durchführung ihrer Anordnungen können sich die Distriktsverwaltungsbehörden der polizeilichen Vollzugsorgane, insbesondere auch der Gendarmerie bedienen. Eine Mitwirkung des Vormundschaftsgerichts (auf Grund des Art. 130 A.G. zum B.G.B.) ist nicht erforderlich und auch nicht zulässig, da die Zwangsmaßregeln polizeilicher Natur sind.

Art. 6.

Die Aufhebung der Zwangserziehung erfolgt durch Beschluß des Vormundschaftsgerichts. Das Vormundschaftsgericht hat die Zwangserziehung aufzuheben, wenn die Voraussetzungen der Anordnung weggefallen sind. Die Aufhebung kann unter dem Vorbehalte des Widerrufs beschlossen werden. Vor der Entscheidung ist die Distriktsverwaltungsbehörde zu hören.

Der die Zwangserziehung aufhebende Beschluß ist der Distriktsverwaltungsbehörde bekannt zu machen. Dieser steht die sofortige Beschwerde mit aufschiebender Wirkung zu.

Auch ohne Anordnung des Vormundschaftsgerichts ist die Distriktsverwaltungsbehörde berechtigt, die vorläufige Entlassung aus der Zwangserziehung zu verfügen.

Über das achtzehnte Lebensjahr des Minderjährigen hinaus soll die Zwangserziehung nur in besonderen Fällen fortgesetzt werden.

1. Die Zwangserziehung endigt kraft Gesetzes mit dem Eintritt der Volljährigkeit des Zöglings, also, wenn er das 21. Lebensjahr erreicht oder wenn er, was allerdings bei einem der Zwangserziehung unterworfenen Minderjährigen praktisch wohl kaum vorkommen wird, für volljährig erklärt wird (§§ 2, 3 B.G.B.). Einer besonderen beschlußmäßigen Aufhebung der Zwangserziehung bedarf es in einem solchen Falle nicht; die Anwendung weiterer vormundschaftsgerichtlicher Maßregeln wird unzulässig und der Selbstbestimmung des Volljährigen darf kein Hindernis mehr entgegengestellt werden: er kann den Ort seiner bisherigen Unterbringung ohne weiteres verlassen und seine fernere Zurückhaltung wäre widerrechtlich.

2. Nach Abs. 4 des Art. 6 soll die Zwangserziehung über das 18. Lebensjahr des Minderjährigen hinaus nur in besonderen Fällen

fortgesetzt werden. Eine Endigung kraft Gesetzes tritt hier nicht ein; die Zwangserziehung wird fortgesetzt, solange nicht ein sie aufhebender Beschluß des Vormundschaftsrichters ergangen ist. Letzterer wird jedoch die Wiedervorlegung der Akten auf einen vor der Vollendung des 18. Lebensjahres liegenden Zeitpunkt anordnen und sodann durch geeignete Erhebungen feststellen müssen, ob besondere Gründe vorliegen, welche die Fortsetzung der bisherigen Erziehungsmaßregeln rechtfertigen, (A.-V. § 49). Wird diese Frage bejaht, so ist die Fassung eines besonderen Beschlusses auf Fortsetzung nicht geboten, sofern nicht etwa bestimmte Anträge Beteiligter auf Beseitigung vorliegen. Die Fortsetzung wird nicht vom Vormundschaftsgerichte, sondern von der Distriktsverwaltungsbehörde verfügt. Können besondere Gründe nicht ermittelt werden, so muß die Aufhebung erfolgen.

Die Aufhebung muß ferner erfolgen, wenn die Voraussetzungen zur Anordnung der Zwangserziehung weggefallen sind, insbesondere also, wenn der weiteren Verwahrlosung oder dem völligen sittlichen Verderben des Minderjährigen auf andere Weise gleich wirksam oder noch besser vorgebeugt werden kann, oder wenn die ursprünglich bestehenden Gefahren für seine sittliche Entwickelung durch nachgewiesene Besserung beseitigt sind. Der Vormundschaftsrichter kann von Amtswegen oder auf Antrag die Aufhebung beschließen. Werden ihm Thatsachen von irgend einer Seite mitgeteilt, die zur Aufhebung führen können, so hat er, wenn die Mitteilung beachtenswert erscheint, die erforderlichen Erhebungen zu pflegen. Vor der Entscheidung ist stets die Distriktsverwaltungsbehörde zu hören; wer neben ihr zu hören oder zu vernehmen ist, richtet sich nach der Lage des einzelnen Falles.

3. Wird die Aufhebung beschlossen, so ist der hierauf ergehende Beschluß der Distriktsverwaltungsbehörde bekannt zu machen und zwar durch Zustellung von Amtswegen (Bem. 2 zu Art. 4). Weitere Zustellungen schreibt § 45 der A.V. vor. Die Distriktsverwaltungsbehörde hat die sofortige Beschwerde gegen den Beschluß, der aufschiebende Wirkung beigelegt ist (Bem. 3 a zu Art. 4). Wer sonst noch ein Beschwerderecht hat, ergibt sich aus dem G.F.G. Jedenfalls kann ein solches, wenn die Aufhebung beschlossen wird, weder den Eltern, noch dem gesetzlichen Vertreter des Minderjährigen, noch diesem selbst zugestanden werden, ebensowenig der Heimatgemeinde oder dem Kreisfiskalate, denn Interessen oder Rechte dieser Personen und Behörden werden durch die Aufhebung nicht beeinträchtigt. Aus § 57 Nr. 9 G.F.G. wird sich jedoch ein Beschwerderecht der entfernteren Verwandten sowie des Geistlichen herleiten lassen. Die Beschwerde dieser Personen ist die einfache Beschwerde und hat keine aufschiebende Wirkung.

4. Für den Fall, daß das Vormundschaftsgericht einen Antrag auf Aufhebung der Zwangserziehung ablehnt, bestimmt das Gesetz selbst nichts über die Berechtigung zur Einlegung der Beschwerde. Es muß daher auf § 20 und § 57 Nr. 9 G.F.G. zurückgegriffen werden. Aus § 20 a. a. O. wird sich ergeben, daß jedenfalls der an sich erziehungsberechtigte Elternteil beschwerdeberechtigt ist, weil die Ablehnung der Wiederherstellung der vollen elterlichen Gewalt in seine Rechte eingreift. Aus dem gleichen Grunde dürfte dem gesetzlichen Vertreter die Befugnis zur Einlegung von Rechtsmitteln zuzugestehen sein. Da-

gegen kann dem Minderjährigen selbst auf Grund des § 20 G.F.G. ein Beschwerderecht nicht eingeräumt werden, denn seine Rechte werden durch die Fortsetzung der Zwangserziehung insoferne nicht berührt, als er ein Recht zur freien Selbstbestimmung nicht besitzt. Dagegen ergibt sich sein selbständiges Beschwerderecht aus § 59 G.F.G.

Aus § 57 Nr. 9 G.F.G. ist zu folgern, daß der nicht erziehungsberechtigte Elternteil, sowie entferntere Verwandte Beschwerderecht haben, auch der Geistliche, dem während der Dauer der Minderjährigkeit die Seelsorge für den Minderjährigen zustand. Auch der Distriktsverwaltungsbehörde, sowie der Heimatgemeinde und dem Kreisfiskalate wird man die Beschwerde nicht versagen können, der ersteren aus dem Grunde nicht, weil sie für den Vollzug der Erziehung überhaupt zu sorgen hat, den beiden letzteren deshalb nicht, weil ihnen ihre eigene finanzielle Beteiligung ein berechtigtes Interesse daran gibt, sich um die Erziehung des Kindes zu kümmern.

Das einschlägige Rechtsmittel ist stets nur die einfache Beschwerde.

5. Die Aufhebung der Zwangserziehung kann, wenn zwar eine Besserung der Verhältnisse des Minderjährigen oder eine Abkehr von seinem bisherigen Lebenswandel nachgewiesen ist, jedoch die Gefahr eines Rückfalls oder einer neuerlichen Beeinträchtigung seiner sittlichen Entwickelung nicht völlig als beseitigt gelten kann, unter dem Vorbehalte des Widerrufs beschlossen werden. Ein solcher Beschluß kann von der Distriktsverwaltungsbehörde, wenn sie die Fortsetzung der Zwangserziehung für angezeigt hält, mit sofortiger Beschwerde angefochten werden, wie wenn er auf unbedingte Aufhebung lauten würde. Wenn der Antragsteller völlige Aufhebung anstrebte, es wird aber nur die widerrufliche Aufhebung beschlossen, so gilt für die Beschwerde das unter Bem. 4 Erörterte.

Mit der widerruflichen Aufhebung tritt zunächst die elterliche Gewalt oder die Erziehungsbefugnis des etwaigen gesetzlichen Vertreters im vollen Umfange wieder ein; die Distriktsverwaltungsbehörde muß, wenn der Beschluß ihr gegenüber rechtskräftig geworden ist, oder wenn sie nicht beabsichtigt, ihn anzufechten, die sofortige Entlassung des Minderjährigen verfügen.

Erweist sich die Aufhebung als verfrüht, so kann der Vormundschaftsrichter sie jederzeit auf Antrag oder von Amtswegen widerrufen. Für die Beschwerde gegen einen solchen Beschluß wird das in Bem. 4 Erörterte zu gelten haben. Da die Beschwerde keine aufschiebende Wirkung hat, so wird sich die Distriktsverwaltungsbehörde, auch wenn sie den Beschluß anficht, dennoch nicht weigern können, den Minderjährigen zunächst wieder in geeigneter Weise unterzubringen, falls nicht etwa das Beschwerdegericht oder das Amtsgericht selbst den Vollzug der Anordnung gemäß § 24 Abs. 2, 3 G.F.G. einstweilen aussetzen.

Wird ein Antrag auf Widerruf abgelehnt, so wird das Beschwerderecht nur der Distriktsverwaltungsbehörde, dem Geistlichen und entfernteren Verwandten zugebilligt werden können. Der erziehungsberechtigte Elternteil, der gesetzliche Vertreter und der Minderjährige selbst werden sich über die Ablehnung des Widerrufs so wenig beschweren können, als die Heimatgemeinde.

Da eine widerrufliche Aufhebung zulässig ist, so wird es auch möglich sein, die Aufhebung von gewissen Bedingungen abhängig zu machen und dem Entlassenen die Befolgung gewisser gerichtlicher Anordnungen aufzuerlegen, z. B. das Verbleiben an einem bestimmten Platze, das Beharren in einem angefangenen Berufe u. s. w.

6. Zu unterscheiden von der widerruflichen Aufhebung der Zwangserziehung ist die vorläufige Entlassung aus der Zwangserziehung. Diese ist keine gerichtliche, sondern eine polizeiliche Maßregel und steht dem Vollzugsorgane, der Distriktsverwaltungsbehörde, zu. Aus welchen Gründen sie zu verfügen sei, ist dem Ermessen dieser Stelle überlassen. Eingetretene Besserung im Verhalten des Minderjährigen ist nicht notwendig ihre Voraussetzung, auch andere Vorgänge können zu ihr Anlaß geben, so z. B., wie in der Kammer der Abgeordneten hervorgehoben wurde, der Ausbruch einer ansteckenden Krankheit in der Familie oder Anstalt, in welcher der Minderjährige untergebracht wurde. Die Distriktsverwaltungsbehörde kann ihre Anordnung natürlich auch von Bedingungen abhängig machen, sie kann auch den Entlassenen einer fortgesetzten Ueberwachung durch den Gemeindewaisenrat unterwerfen (A.B. § 46). Die Wiederaufhebung der gewährten Begünstigung ist jederzeit ohne besondere Begründung zulässig.

Sieht der Vormundschaftsrichter sich nicht veranlaßt, der vorläufigen Entlassung nun auch seinerseits die Aufhebung der Zwangserziehung folgen zu lassen, so bleibt diese selbstverständlich aufrecht erhalten, doch kann das Gericht nicht anordnen, daß die vorläufige Entlassung wieder aufzuheben sei, da diese im Ermessen der Vollzugsbehörden steht. Ist es mit deren Anordnungen nicht zufrieden, so hat es — ebenso wie jeder Dritter, der sich durch die vorläufige Entlassung beschwert glaubt — die Möglichkeit, sich an die vorgesetzten Dienstaufsichtsstellen zu wenden, deren Entscheidung dann endgiltig ist.

Die vorläufige Entlassung muß gemäß Art. 7 Abs. 1 dem Vormundschaftsgerichte mitgeteilt werden; eine Anzeige von ihrem Widerruf ist gesetzlich nicht vorgeschrieben, aber durch § 46 Abs. 3 der A.B. zur Pflicht gemacht.

7. Vor Beendigung oder Aufhebung der Zwangserziehung soll die Distriktsverwaltungsbehörde ihr Möglichstes thun, um dem Minderjährigen ein gesichertes Unterkommen und eine seinen Verhältnissen entsprechende Arbeitsthätigkeit zu vermitteln (§ 47 A.B.).

Art. 7.

Die Distriktsverwaltungsbehörde hat von der Unterbringung und von der vorläufigen Entlassung dem Vormundschaftsgerichte und von der Unterbringung in einer Familie auch dem Gemeindewaisenrate Kenntnis zu geben.

Der Gemeindewaisenrat hat über die Erziehung der in Familien untergebrachten Minderjährigen, auch wenn sie nicht unter Vormundschaft stehen, zu wachen und auf Erfordern der Distrikts-

verwaltungsbehörde Auskunft zu erteilen, sowie dieser auch unaufgefordert etwaige Mängel anzuzeigen.

Der Gemeindewaisenrat kann zu diesem Zwecke die Mitwirkung der Waisenpflegerinnen in Anspruch nehmen.

1. Die erfolgte Unterbringung des Minderjährigen ist von der Distriktsverwaltungsbehörde stets dem Vormundschaftsgericht anzuzeigen. Hierbei ist nicht nur der Tag der Unterbringung anzugeben, sondern es ist auch die betreffende Familie oder Anstalt genau zu benennen. Wird die Unterbringung später geändert, so ist hiervon ebenfalls das Vormundschaftsgericht zu benachrichtigen. Ebenso ist diesem die vorläufige Entlassung eines Zöglings bekannt zu geben.

Eine Anzeige an den Gemeindewaisenrat von der Unterbringung ist nur dann vorgeschrieben, wenn diese in einer Familie erfolgt und zwar ist dann die Anzeige an den Gemeindewaisenrat zu richten, in dessen Bezirke die Familie wohnt. Wird der Minderjährige später in eine andere Familie verbracht, so ist hiervon der Gemeindewaisenrat des bisherigen und des neuen Unterbringungsortes zu verständigen. Eine Anzeige von der vorläufigen Entlassung an den Gemeindewaisenrat ist zwar gesetzlich nicht vorgeschrieben, aber zweckdienlich.

2. Die Aufsicht über die Erziehung des Minderjährigen an seinem Unterbringungsorte steht sowohl der Distriktsverwaltungsbehörde als auch dem Vormundschaftsgerichte zu, beiden Behörden gesondert und unabhängig von den Entschließungen der anderen. Wurde Anstaltserziehung gewählt, so wird Auskunft über das Verhalten des Zöglings durch Erholung periodischer Berichte des Vorstehers zu erlangen sein.

Hinsichtlich der in Familien untergebrachten Minderjährigen ist durch Art. 7 Abs. 2 dem Gemeindewaisenrat die Pflicht auferlegt, über die Erziehung zu wachen, auch wenn die betreffenden Minderjährigen nicht unter Vormundschaft stehen. Er hat ferner der Distriktsverwaltungsbehörde auf deren Verlangen Auskunft über das Ergehen und Verhalten der Minderjährigen zu erteilen, ebenso über die Art, wie deren Versorgnng und Erziehung gehandhabt wird. Nimmt er Mängel wahr, so hat er auch unaufgefordert Anzeige an die Distriktsverwaltungsbehörde zu erstatten. Die gleiche Verpflichtung obliegt dem Gemeindewaisenrate gegenüber dem Vormundschaftsgerichte gemäß § 1850 B.G.B., aber nur, soweit es sich um bevormundete Mündel handelt. Bezüglich der unter elterlicher Gewalt stehenden Personen ist er zu einer Ueberwachung nicht befugt und Anzeigen nach § 1675 B.G.B. werden, wenn einmal die Zwangserziehung begonnen hat, nicht mehr leicht vorkommen. Durch die Anzeige bei der einen Behörde ist die Anzeigepflicht gegenüber der anderen nicht aufgehoben. Der Gemeindewaisenrat kann sich zur Ueberwachung der Familienerziehung der Thätigkeit der Waisenpflegerinnen bedienen, diese haben sich jedoch in ihrer Mitwirkung auf die Beaufsichtigung der Erziehung im Kindesalter stehender und weiblicher Minderjähriger zu beschränken (Art. 98 A.G. zum B.G.B.).

3. Die Distriktsverwaltungsbehörde ist nicht gehindert, die Familienerziehung auch durch die polizeilichen Vollzugsorgane, insbe-

sondere die Ortspolizeibehörden und die Gendarmerie, überwachen zu lassen und diesen Organen die Erstattung von Anzeigen über etwa wahrgenommene Mängel vorzuschreiben.

Erhält das Vormundschaftsgericht Kenntnis von Unzuträglichkeiten in der Unterbringung und Erziehung der Minderjährigen, so ist es zu einem selbständigen Einschreiten nicht befugt, hat vielmehr seine Anträge bei der Distriktsverwaltungsbehörde zu stellen.

Art. 8.

Die Kosten der Zwangserziehung sind vorläufig von der Heimatgemeinde des Minderjährigen oder, wenn dieser in Bayern eine Heimat nicht besitzt, von der Staatskasse zu bestreiten.

Besitzt der Minderjährige Vermögen oder erwirbt er binnen zehn Jahren nach der Aufhebung der Zwangserziehung ein Vermögen, welches ihm unbeschadet der Sicherstellung des Lebensunterhaltes die Ersatzleistung ermöglicht, so ist er zum Ersatze der Kosten der Zwangserziehung verpflichtet. Desgleichen haben diejenigen, welche dem Minderjährigen gegenüber nach den Vorschriften des Bürgerlichen Gesetzbuchs während der Dauer der Zwangserziehung unterhaltungspflichtig sind, Ersatz der Kosten zu leisten.

In Ermangelung zahlungsfähiger Verpflichteter kann die Heimatgemeinde beanspruchen, daß ihr ein Fünftel der Kosten von der Distriktsgemeinde und zwei Fünftel der Kosten von der Staatskasse ersetzt werden.

Die Kosten einer vorläufigen Unterbringung sind, wenn die Zwangserziehung demnächst nicht angeordnet wird, von der Staatskasse zu tragen und, soweit dieselben von dem Minderjährigen oder einem Unterhaltspflichtigen, von der Heimatgemeinde oder der Distriktsgemeinde bestritten worden sind, zu ersetzen.

1. Art. 8 trifft nur Bestimmungen über die Kosten der Zwangserziehung selbst, d. h. über die Kosten der Ausführung der Zwangserziehung, nicht auch über die Kosten, die durch das der Anordnung vorausgehende gerichtliche Verfahren entstehen. Letztere wären an sich als Kosten in Angelegenheiten der freiwilligen Gerichtsbarkeit anzusehen und daher gemäß Art. 131 A.G. zum B.G.B. von demjenigen zu tragen, in dessen Angelegenheit die amtliche Verrichtung erfolgt, also von dem Minderjährigen selbst. Eine solche Kostentragung ist jedoch praktisch ausgeschlossen, weil in Art. 12 Abs. 3 bestimmt ist, daß für die Verhandlungen in Angelegenheiten der Zwangserziehung weder Gebühren noch Porti in Ansatz kommen und die baren Auslagen — insbesondere also Gebühren für Zeugen und Sachverstän-

dige — von der Staatskasse zu tragen sind. Es wird daher bei Anordnung der Zwangserziehung eine Entscheidung über die Kosten des Verfahrens regelmäßig nicht zu fällen sein, daher ist es auch nicht erforderlich, dem Minderjährigen, wenn er vermögenslos ist, das Armenrecht zu bewilligen (vergl. die Bem. zu Art. 12).

Von der Vorschrift des Art. 8 werden alle Kosten umfaßt, die von dem Augenblick an entstehen, in dem die Distriktspolizeibehörde zur Ueberführung des Minderjährigen an seinen Bestimmungsort schreitet, bis zu dem Augenblick, in dem die Zwangserziehung endgiltig beendet ist. Die Aufzählung in § 50 A.B. kann nicht als erschöpfend bezeichnet werden; es bindet die darin enthaltene Auslegung des Art. 8 das richterliche Ermessen nicht. Es fallen unter Art. 8 insbesondere folgende Posten: die Kosten des Transports des Minderjährigen an den Ort seiner Unterbringung, einschließlich der Auslagen und Tagegelder des begleitenden Beamten, die Auslagen für Beschaffung einer Ausstattung, soweit diese durch Anstaltssatzungen für den Eintritt vorgeschrieben wird, die an die Anstalten zu zahlenden satzungsmäßigen Beiträge, bei Familienerziehung entweder die an die Pflegeeltern zu zahlenden Pauschalbeträge, oder, wenn solche etwa nicht vereinbart sein sollten, die gesamten Kosten der Erziehung und Verpflegung, des Unterrichts und der Ausstattung, vor allem auch Kosten, die durch Krankheiten entstanden sind. (Es ist nicht gerechtfertigt, mit Englert S. 86 einen Unterschied zwischen Kosten eines Heilungsverfahrens, das in der Familie oder Anstalt durchgeführt wird, und solchen Kosten zu machen, die durch die Ueberführung in ein Krankenhaus entstehen. Wird bei einer solchen Ueberführung nicht etwa vorläufige Entlassung verfügt, sondern die Zwangserziehung aufrecht erhalten, so müssen die erwachsenen Auslagen als ein Teil der Erziehungskosten betrachtet werden.) Schulgeld fällt unter Art. 8, wenn zur ordnungsmäßigen Erziehung Schulbesuch nötig oder dieser gesetzlich vorgeschrieben ist (A. M. Englert S. 86). Hierher gehören dagegen nicht die Kosten der Beerdigung des Minderjährigen, wenn er während der Dauer der Zwangserziehung stirbt (anders das preußische Gesetz § 15, Englert S. 86), wohl aber die Kosten, die durch einen Wechsel des Unterbringungsorts während der Zwangserziehung erwachsen. Werden durch die Beaufsichtigung der Erziehung besondere Auslagen nötig — Schreibgebühren und Porti dürfen gemäß Art. 12 Abs. 3 nicht angesetzt werden — so fallen diese nicht unter Art. 8.

Wird die Zwangserziehung beendet und begibt sich der Zögling aus eigener Entschließung oder auf Bestimmung der Eltern oder des gesetzlichen Vertreters an einen anderen Ort, so fallen die Kosten der Ausreise nicht unter Art. 8, soweit nicht etwa nach den Statuten einer Anstalt ein Betrag für die Fortbringung während der ersten Tage zu gewähren ist. Wird dagegen dem Minderjährigen durch die Distrikts- oder Ortspolizeibehörde oder durch die Thätigkeit des Vormundschaftsrichters ein Dienstplatz oder eine Arbeitsstelle vermittelt, so sind die Kosten, die durch die Reise an den Platz entstehen, nach dem Sinne des Gesetzes — der in der amtlichen Begründung und in den Kammerverhandlungen mehrfach zum Ausdrucke gebracht wurde — noch Kosten der Zwangserziehung. Ebenso verhält es sich, wenn die

Zwangserziehung lediglich um deswillen aufgehoben wurde, weil die anderweitige geeignete Unterbringung eines Kindes, z. B. bei Verwandten, ermöglicht war, mit den Kosten der Abführung an den Bestimmungsort, sowie mit Kosten einer einstweiligen Versorgung im Falle widerruflicher oder vorläufiger Entlassung. Die A.V. erklären in § 50 auch die Kosten der Vermittelung eines Unterkommens selbst als Kosten der Zwangserziehung. Gemäß Abs. 3 betrifft Art. 8 auch die Kosten einer vorläufigen Unterbringung.

2. Die Kosten sind, soweit sie von Art. 8 umfaßt werden, zunächst von der Heimatgemeinde des Minderjährigen und, wenn dieser eine Heimatgemeinde in Bayern nicht besitzt, von der Staatskasse einstweilen vorzuschießen und zwar, so oft die Anordnung der Zwangserziehung auf Grund dieses Gesetzes erfolgt, auch dann, wenn nachgewiesen ist, daß der Minderjährige oder die zum Unterhalte verpflichteten Personen Vermögen besitzen. Die Feststellung, daß der Minderjährige arm sei, ist nicht Voraussetzung für die Anwendung des Gesetzes. Ist die Heimat einer Person, für welche Zwangserziehung angeordnet ist, nicht oder nicht mit Sicherheit ermittelt, so ist die Distriktsverwaltungsbehörde, sobald sie von der bestehenden Unsicherheit Kenntnis erhält, verpflichtet, von Amtswegen die Heimat auszumitteln oder, wenn sie hierzu nicht zuständig sein sollte, die zuständige Behörde zu benachrichtigen (Art. 20 Heimatgesetz). In solchen Fällen ist natürlich die Entscheidung über die Pflicht zur Kostentragung zunächst bis zur Ermittelung der Heimat auszusetzen. Die Unterbringung des Minderjährigen darf jedoch deswegen nicht verzögert werden: Die Kosten werden, solange die Heimat nicht feststeht, von der Staatskasse vorzuschießen sein, denn dem Falle, daß der Minderjährige nachweislich keine Heimat hat, muß der Fall gleichgeachtet werden, daß er nicht nachweislich eine bestimmte Heimat hat.

Die Pflicht zur Kostentragung wird nicht im Zivilrechtsweg, sondern nach Art. 9 im Verwaltungs- und Verwaltungsrechtsweg festgestellt.

3. Die Heimatgemeinde und die Staatskasse können einen Ersatz der von ihnen vorgeschossenen Kosten von dem Minderjährigen selbst und von den ihm gegenüber unterhaltspflichtigen Personen verlangen. Dieser Anspruch ist im Zivilrechtswege zu verfolgen, doch gibt Art. 10 die Möglichkeit einer Vorentscheidung mit sofortiger Vollstreckbarkeit im Verwaltungswege.

Gegen den Minderjährigen selbst ist der Ersatzanspruch zulässig, wenn er zur Zeit der Anordnung der Zwangserziehung Vermögen besitzt oder während der Dauer der Zwangserziehung solches erwirbt. Die Klage wäre gegen den gesetzlichen Vertreter des Minderjährigen zu richten. Soweit schon bestimmte Summen geleistet sind, ist die Klage auf den Ersatz dieser Summen zu richten und zwar steht nichts im Wege, jede einzelne ausgelegte Summe gesondert einzuklagen. Dagegen ist es nicht möglich, die Klage darauf zu richten, daß der Minderjährige im voraus verurteilt werde, alle während der Dauer der Zwangserziehung anfallenden Leistungen zu ersetzen, etwa jährlich diejenige Summe zu zahlen, die an die Erziehungsanstalt abgeführt werden muß. Denn die Ersatzansprüche entstehen erst mit der Zahlung durch die Gemeinde oder den Staat. §§ 258, 259

C.P.O., welche die Möglichkeit einer Klage auf künftige Leistungen gewähren, können für die gegenteilige Anschauung nicht verwertet werden, weil sie Fälle betreffen, in denen die Ansprüche schon entstanden sind, der Thatbestand für ihr Vorhandensein schon vorliegt, und nur entweder eine Befristung oder — im Falle des § 259 C.P.O. — eine aufschiebende Bedingung die sofortige Fälligkeit abhalten (vergl. Gaupp Bem. zu §§ 258, 259 C.P.O.); im Art. 8 Abs. 2 handelt es sich nur um die Möglichkeit des zukünftigen Erwerbs einer Forderung. Die Verpflichtung zu späteren Ersatzleistungen könnte nur dann den Gegenstand einer Klage bilden, wenn ein rechtliches Interesse an ihrer sofortigen Feststellung bestehen würde (z. B. deswegen, weil der Verpflichtete den Besitz von Vermögen ableugnet): dann könnte jedoch nicht Leistungsklage, sondern nur Feststellungsklage (§ 256 C.P.O.) erhoben werden.

Die Verjährung der Ansprüche gegen den Minderjährigen vollendet sich, da etwas anderes gesetzlich nicht vorgeschrieben ist, in dreißig Jahren (§ 195 B.G.B.); sie läuft für jeden einzelnen Anspruch gesondert und beginnt stets mit der Bezahlung der Summe durch die Heimatgemeinde oder den Staat, weil in diesem Augenblicke der Anspruch entsteht (§ 198 B.G.B.).

Erwirbt der Minderjährige erst nach Aufhebung der Zwangserziehung Vermögen, so ist die Geltendmachung eines Ersatzanspruchs nur dann zulässig, wenn der Vermögenserwerb innerhalb der ersten zehn Jahre nach der Aufhebung erfolgte. Der Anspruch entsteht hier erst im Augenblicke des Vermögenserwerbs, bei späterem Erwerb entsteht kein Anspruch. Der Anspruch kann in diesem Falle auf die Bezahlung der ganzen aufgewendeten Summe gerichtet werden. Seine Verjährung ist die dreißigjährige und beginnt mit dem Erwerbe des Vermögens. Ungenau ist es, wenn die amtliche Begründung von einer zehnjährigen Verjährung spricht: die in Abs. 2 bestimmte Frist ist vielmehr eine Frist für die Entstehung des Anspruchs. Hatte der Minderjährige schon während der Dauer der Erziehung Vermögen, wurde aber die an sich mögliche Klage nicht erhoben, so wird der Lauf der einmal begonnenen Verjährung nicht etwa dadurch unterbrochen, daß nach der Aufhebung ein neuer Vermögenserwerb erfolgt.

Der Vermögenserwerb innerhalb der zehn Jahre rechtfertigt die Geltendmachung eines Ersatzanspruchs nur dann, wenn dem Verpflichteten durch die Ersatzleistung nicht der notwendige Lebensunterhalt verkümmert wird. Diese Beschränkung des Anspruchs wird nicht etwa bei der Zwangsvollstreckung geltend gemacht, sie muß auch nicht vom Verpflichteten im Prozeß als Einrede vorgebracht werden, so daß er das Vorliegen ihrer Voraussetzungen nachweisen müßte: die dem Gesetze genügende Höhe des Erwerbs ist vielmehr, wie der Wortlaut des Abs. 2 zeigt, eine Voraussetzung für den Ersatzanspruch; der Kläger muß die Thatsachen beweisen, aus denen die ausreichende Größe des Erwerbs zu folgern ist, falls sie bestritten werden. Reicht das erworbene Vermögen nur zum Teile zu, so entsteht der Anspruch auf Ersatz auch nur zu einem entsprechenden Teile.

Die Erhebung von Ersatzansprüchen gegen die Unterhaltspflichtigen ist unter den Voraussetzungen zulässig, unter denen diese nach dem B.G.B. dem Minderjährigen für die Gewährung des Unterhalts haften. Voraussetzung des Ersatzanspruchs ist hier, daß die Unterhaltspflicht während der Dauer der Minderjährigkeit bestand; ist sie erst nach der Aufhebung eingetreten, so entsteht keine Haftung. Dagegen dauert der einmal entstandene Ersatzanspruch auch nach Aufhebung der Zwangserziehung fort.

Der Unterhaltsanspruch geht nicht etwa auf die Gemeinde oder den Staat in Höhe der aufgewendeten Beträge über, diese erwerben vielmehr einen selbständigen Anspruch, der zwar seinem Betrage nach nicht höher sein kann, als der Gesamtbetrag der Unterhaltsansprüche, im übrigen aber nach seinem Entstehungsgrund und nach seiner rechtlichen Natur eine andere Forderung ist, als die des Minderjährigen. Er entsteht mit der Bezahlung der betreffenden Summen durch den zunächst Kostenpflichtigen; in diesem Augenblicke beginnt die dreißigjährige Verjährung des Anspruchs; § 1613 B.G.B., der die Nachforderung des Unterhalts für die Vergangenheit beschränkt, ist unanwendbar.

Die Personen der Unterhaltspflichtigen und die Voraussetzungen ihrer Haftung ergeben sich aus §§ 1601—1604, 1606 Abs. 2, 1607, 1609—1615 B.G.B.; für die Unterhaltspflicht des Erzeugers eines außerehelichen Kindes sind die §§ 1708—1714 B.G.B. maßgebend. Eine Darstellung aller hier einschlägigen Sätze würde außerhalb des Rahmens dieser Erörterungen liegen, es sind nur die Besonderheiten hervorzuheben, die sich für die Anwendung unseres Gesetzes ergeben.

In der Regel wird die Höhe der aufgewendeten Summen der Höhe der Unterhaltsleistungen gleichkommen, weil der Unterhalt den gesamten Lebensbedarf umfaßt, insbesondere auch die Kosten der Erziehung und der Vorbildung zu einem Berufe (§ 1610 Abs. 2 B.G.B.). Doch kann sich bei der Zwangserziehung, insbesondere bei Anstaltserziehung, oft eine Mehrausgabe ergeben, die bei der Erziehung in der eigenen Familie nicht erwachsen wäre. Dann ist der Ersatzanspruch beschränkt. Eine weitere Beschränkung kann sich gemäß § 1611 B.G.B. dadurch ergeben, daß die Zwangserziehung wegen eines sittlichen Verschuldens des Minderjährigen angeordnet werden mußte, oder wegen einer Verfehlung, die den Unterhaltspflichtigen berechtigt hätte, ihm den Pflichtteil zu entziehen. Denn dann ist nur der notdürftige Unterhalt zu gewähren und für das Mehr an Kosten, das etwa durch Anstaltserziehung erwuchs, haftet der Pflichtige nicht (vgl. Kiene, württembergisches Zwangserziehungsgesetz S. 97). Diese Beschränkung tritt jedoch dann nicht ein, wenn der Minderjährige auch ohne Anordnung der Zwangserziehung vollen Unterhalts bedürftig gewesen wäre, denn § 1611 betrifft nur den Fall, daß die Bedürftigkeit durch das sittliche Verschulden des Minderjährigen eingetreten ist, wird also dann anzuwenden sein, wenn der Minderjährige sich bisher durch eigene Thätigkeit ganz oder teilweise fortbrachte, dieser Möglichkeit aber durch die Zwangserziehung beraubt wird.

Der Ersatzanspruch ist stets ein Geldanspruch, wie ja auch der Unterhalt in Form einer Geldrente zu gewähren ist (§ 1612 Abs. 1 Satz 1, § 1710 Abs. 1 B.G.B.). § 1612 Abs. 1 Satz 2 findet keine Anwendung. Das Bestimmungsrecht der Eltern, wonach sie die Gewährung des Unterhalts in einer anderen Form beschließen können (§ 1612 Abs. 2 B.G.B.), ist, weil es als Ausfluß des elterlichen Erziehungsrechts durch die Anordnung der Zwangserziehung aufgehoben ist, hier gegenstandslos (Noelle, Bem. 2 zu Art. 16 des preußischen Gesetzes).

Ein Verzicht auf den Unterhalt für die Zukunft ist in der Regel gesetzlich unzulässig (§ 1614 Abs. 1 B.G.B.). Aber auch Vereinbarungen, durch die auf den Unterhalt für die Vergangenheit verzichtet wird, sind nicht imstande, den Ersatzanspruch zu beeinträchtigen. Bei unehelichen Kindern ist ein entgeltlicher Verzicht auf den Unterhalt für die Zukunft gestattet (§ 1714 Abs. 2 B.G.B.). Wird ein solcher Vertrag abgeschlossen, so können sich die Ersatzberechtigten an den Erzeuger nicht mehr halten, wohl aber erwirbt der Minderjährige durch einen entgeltlichen Verzicht Vermögen — nämlich eine Forderung gegen den Erzeuger — und unterliegt daher der Ersatzklage. Das Recht des Erben des Erzeugers eines unehelichen Kindes, dieses mit dem Pflichtteil abzufinden, der ihm als ehelichen gebühren würde, kann auch gegenüber dem Ersatzberechtigten ausgeübt werden (§ 1712 Abs. 2 B.G.B.).

Wurden Kosten für die Beerdigung des Kindes ausgelegt (s. oben Bem. 1 Abs. 2), so hat diese der Unterhaltspflichtige zu erstatten (§§ 1615 Abs. 2, 1713 Abs. 2 B.G.B.).

Wird eine Ersatzklage erhoben, so kann der in Anspruch genommene nicht einwenden, die Zwangserziehung sei zu Unrecht angeordnet worden und eine Entscheidung des Prozeßgerichts hierüber herbeiführen. Ebensowenig kann er sich darauf berufen, daß die Distriktsverwaltungsbehörde eine zu teuere oder ungeeignete Art der Unterbringung gewählt habe. Er könnte die Höhe des Ersatzanspruchs nur mit der Einwendung bekämpfen, daß die aufgewendeten Kosten überhaupt nicht zu denen gehörten, die von Art. 8 betroffen werden und vom Ersatzberechtigten ausgelegt werden mußten.

4. Während die Staatskasse auf den Anspruch gegen die Ersatzpflichtigen allein angewiesen ist, hat die Heimatgemeinde, wenn sie mit der Zivilrechtsklage nichts auszurichten vermag, einen weiteren öffentlichrechtlichen Anspruch auf Erstattung ihrer Auslagen und zwar kann sie verlangen, daß ihr ein Fünftel der Kosten von der Distriktsgemeinde, zwei Fünftel von der Staatskasse ersetzt werden. Unmittelbare Städte können nur den Ersatz von zwei Fünfteln durch den Staat beanspruchen. Ueber die Verfolgung des Anspruchs s. Art. 9.

Der Ersatzanspruch ist nicht davon abhängig, daß durch rechtskräftiges Urteil festgestellt ist, eine Erstattungspflicht des Minderjährigen oder der Unterhaltspflichtigen bestehe nicht. Der Heimatgemeinde wird nicht zugemutet werden können, immer zunächst den Weg der Klage zu betreten und einen Prozeß durchzuführen; es muß genügen, wenn nach Lage der Sache, insbesondere wegen der Vermögensverhältnisse der Ersatzpflichtigen, von einer Klage ein angemessener Erfolg nicht zu erwarten ist. Ebenso wird es nicht die Absicht des Gesetzes sein, daß die Gemeinde abwarten muß, bis zehn Jahre nach Aufhebung der Zwangserziehung verflossen sind, weil erst dann mit voller Sicherheit feststeht, daß keine Ansprüche gegen den Minderjährigen mehr zulässig sind. Vielmehr muß auch hier die

Unwahrscheinlichkeit eines ausreichenden Vermögenserwerbs nach Lage des Falls genügen, um die Beiziehung von Staat und Distrikt zu rechtfertigen. Haben diese letzteren einmal Ersatz geleistet und ergibt sich später die Möglichkeit, von Unterhaltspflichtigen oder vom Minderjährigen noch etwas beizutreiben, so haben Staat und Distriktsgemeinde die Möglichkeit, mit einer Bereicherungsklage (§§ 812 ff. B.G.B.) vorzugehen, weil sie aus ihrem Vermögen fremde Schulden gezahlt haben.

Der Anspruch nach Art. 8 Abs. 3 kann erhoben werden, wenn die Zwangserziehung abgeschlossen ist und der Gesamtbetrag aller Aufwendungen endgiltig feststeht; es ist aber auch nicht unzulässig, für jede einzelne Ausgabe Schadloshaltung zu verlangen, was insbesondere bei Anstaltserziehung zweckmäßig ist, wenn jährlich die nämlichen Summen bezahlt werden. § 52 der A.V. schreibt ganzjährige, viertel- oder halbjährige Anmeldung der Ersatzansprüche vor. Damit ist nur eine Vorschrift für das Verfahren gegeben.

Hat die Heimatgemeinde auf Grund des Abs. 2 teilweisen Ersatz verlangt, so kann sie den Ersatz eines verhältnismäßigen Teilbetrags des Restes nach Abs. 3 beanspruchen.

5. Die Kosten vorläufiger Unterbringung sind stets Kosten der Zwangserziehung nach Art. 8 Abs. 1. Die Heimatgemeinde hat sie vorzuschießen und kann ihrerseits sofort sich für den ausgelegten Betrag an die nach Abs. 2 verpflichteten Personen halten und auch ihre Rechte nach Abs. 3 geltend machen. Folgt dann die Anordnung der Zwangserziehung wirklich nach, so hat es hierbei sein Bewenden, erfolgt sie nicht, so hat die Staatskasse -- einerlei, aus welchem Grunde die Ablehnung erfolgte — endgiltig die gesamten Kosten der vorläufigen Unterbringung zu tragen, sie daher der Heimatgemeinde zu erstatten, soweit diese nicht schon ohnehin gedeckt ist, ferner die nach Abs. 2 in Anspruch genommenen Personen zu befriedigen und der Distriktsgemeinde das etwa von ihr der Heimatgemeinde gezahlte Fünftel zu ersetzen. Ueber die Verfolgung dieser Ansprüche s. Art. 9 (vergl. A.V. § 53).

Art. 9.

Streitigkeiten über die in Art. 8 Abs. 1, 3, 4 begründeten Ansprüche und Verbindlichkeiten werden von den Distriktsverwaltungsbehörden in erster und von den K. Regierungen, Kammern des Innern, in zweiter Instanz entschieden.

Gegen die Entscheidungen der K. Regierungen, Kammern des Innern, ist Beschwerde nach Art. 45 des Gesetzes vom 8. August 1878, betreffend die Errichtung eines Verwaltungsgerichtshofes und das Verfahren in Verwaltungsrechtssachen, zulässig.

1. Während die Verpflichtung der Personen, denen der Unterhalt des Minderjährigen obliegt, sowie des Minderjährigen selbst zum Ersatze der Kosten der Zwangserziehung im Wege des bürgerlichen

Rechtsstreits festzustellen und geltend zu machen ist, hat das Gesetz die Entscheidung darüber, welche öffentliche Kasse zunächst die Kosten auszulegen hat, dem Verwaltungsverfahren und für die letzte Instanz dem Verwaltungsrechtsverfahren überwiesen. In diesem Verfahren wird entschieden, welche Gemeinde zunächst die Erziehungskosten vorzuschießen hat, ob und inwieweit die Gemeinde Ersatz ihrer Auslagen vom Staat und von der Distriktsgemeinde verlangen kann; ferner wird in diesem Verfahren die Verpflichtung der Staatskasse zur Kostentragung für die in Bayern nicht heimatberechtigten Personen, sowie zur Erstattung der Kosten einer vorläufigen Unterbringung im Falle des Art. 8 Abs. 4 festgestellt.

2. Die Entscheidung steht in 1. Instanz den Distriktsverwaltungsbehörden, in 2. Instanz den Kreisregierungen, Kammern des Innern zu. Bei diesen Behörden trägt das Verfahren, obwohl es sich um bestrittene öffentlich-rechtliche Ansprüche und Verbindlichkeiten handelt, gleichwohl nicht den Charakter des Verwaltungsrechtsverfahrens, sondern den des reinen Verwaltungsverfahrens; insbesondere erfolgt daher bei den Kreisregierungen die Entscheidung nicht durch den verwaltungsrechtlichen Senat, sondern durch einfache Bureauentschließung.

Erst in der 3. Instanz beginnt das Verwaltungsstreitverfahren, indem gegen die Entscheidungen der Kreisregierungen die Beschwerde an den Verwaltungsgerichtshof gemäß Art. 45 des Gesetzes vom 8. August 1878 zulässig ist. Während die Beschwerde von der Distriktsverwaltungsbehörde zur K. Regierung an eine Frist nicht gebunden ist, muß die Beschwerde zum Verwaltungsgerichtshof gemäß Art. 45 Abs. 2 a. a. O. binnen einer Frist von vierzehn Tagen, von Eröffnung der betreffenden Verfügung an gerechnet, bei der Behörde eingelegt werden, welche den beschwerenden Beschluß erlassen hat, also bei der Kreisregierung. Nach der K. Deklaration vom 15. Juni 1898 jedoch (G. u. V.Bl. 1898 S. 294), deren Anwendbarkeit bei Art. 9 als selbstverständlich im Gesetze nicht ausdrücklich erwähnt wurde, ist die Beschwerdefrist auch dann als gewahrt anzusehen, wenn die Beschwerde innerhalb der gesetzlichen Frist bei einer unrichtigen Instanz eingereicht wurde.

Ueber die formelle Behandlung der Ersatzansprüche bei den unteren Instanzen s. A.V. §§ 51—57.

3. Der Verwaltungsgerichtshof und die mit den Entscheidungen nach Art. 9 betrauten Verwaltungsbehörden haben bei Beurteilung der Frage, ob die Verpflichtung einer Gemeinde oder des Staates zur Tragung der Kosten oder eine Verpflichtung zum Ersatze schon bezahlter Kosten besteht, zunächst zu prüfen, ob eine rechtskräftige gerichtliche Entscheidung vorliegt, auf Grund deren die Zwangserziehung zu erfolgen hat. Die Gründe der Entscheidung nachzuprüfen, sind sie nicht befugt. Steht die Heimatszugehörigkeit eines Minderjährigen nicht mit voller Sicherheit fest und ist diese für die Entscheidung von Belang, so wird es sich empfehlen, das Verfahren nach Art. 9 solange auszusetzen, bis über das Heimatrecht nach Art. 8 Nr. 26 des Gesetzes vom 8. August 1878 entschieden ist (vergl. auch Art. 8 Bem. 2).

Wenn die Kosten zunächst von einer einem Bezirksamt untergeordneten Gemeinde getragen wurden, so wird bei der Entscheidung nach Art. 9 die Zubilligung des Ersatzanspruchs nicht davon abhängig gemacht werden können, daß die Anordnung des Bezirksamts auch den Vollzugsvorschriften (insbesondere dem § 36 Abs. 1 der A.B.) entsprach. Denn die Gemeinde kann für etwaige Fehler des vorgesetzten Bezirksamts nicht verantwortlich gemacht werden. Wenn dagegen die Zwangserziehung vom Magistrat einer unmittelbaren Stadt ausgeführt wurde, der zugleich Vertreter derjenigen Gemeinde ist, die für die Kosten aufzukommen hat, so wird auch geprüft werden müssen, ob nicht durch eine den gegebenen Vorschriften nicht entsprechende Art der Unterbringung Mehrkosten entstanden sind, die bei richtiger Behandlung hätten vermieden werden können. Wurde z. B. § 36 Abs. 1 der A.B. außer acht gelassen und zur Unterbringung eine Anstalt gewählt, die nicht als hierzu geeignet erklärt war, so sind die dadurch entstandenen höheren Kosten bei Berechnung des Ersatzanspruchs abzusetzen, dagegen wird nicht etwa der Ersatzanspruch überhaupt abzuerkennen sein. Dies ist wohl auch der Sinn des § 54 Abs. 2 der A.B.

Art. 10.

Auf Antrag der Heimatgemeinde oder des Kreisfiskalates können die Eltern und Großeltern des Minderjährigen durch Beschluß der Distriktsverwaltungsbehörde angehalten werden, nach Maßgabe ihrer Unterhaltungspflicht die Kosten der Zwangserziehung zu bestreiten und die hiefür gemachten Aufwendungen zu ersetzen. Das Gleiche gilt in Ansehung eines unehelichen Kindes von dem Vater, sofern er seine Vaterschaft nach § 1718 des Bürgerlichen Gesetzbuchs anerkannt hat, oder seine Unterhaltspflicht in einem vollstreckbaren Titel festgestellt ist.

Gegen den Beschluß der Distriktsverwaltungsbehörde kann binnen vierzehn Tagen Beschwerde zur K. Regierung, Kammer des Innern, ergriffen werden, welche vorbehaltlich des Rechtswegs endgiltig entscheidet.

Die Entscheidung der Verwaltungsbehörde ist vorläufig vollstreckbar.

Erfolgt durch rechtskräftiges gerichtliches Urteil eine abändernde Entscheidung, so die hat Heimatgemeinde oder, wenn der Minderjährige in Bayern eine Heimat nicht besitzt, die Staatskasse dem in Anspruch genommenen Angehörigen das bis dahin Geleistete beziehungsweise das zu viel Geleistete und die Prozeßkosten, soweit diese nicht ihm selbst auferlegt sind, zu ersetzen. Im Weigerungsfalle ist die Heimatgemeinde hierzu im Aufsichtswege anzuhalten. Die Heimatgemeinde kann ihrerseits Ersatz nach Maßgabe des Art. 8 Abs. 3 beanspruchen.

1. Die Heranziehung der Unterhaltspflichtigen zur Kostentragung erfolgt, wie schon in den Bemerkungen zu Art. 8 erörtert, im Zivilrechtswege. Es ist jedoch der Heimatgemeinde und — wenn es sich um eine in Bayern nicht heimatberechtigte Person handelt — dem Staate die Möglichkeit gegeben, auf raschere Weise, als durch den Weg der Klage, zum Ersatz ihrer Auslagen zu gelangen. Art. 10 schafft ein Verwaltungsverfahren, in dem durch eine vollstreckbare Entscheidung vorläufig die Ersatzpflicht festgestellt, die Zuständigkeit der Gerichte zur endgiltigen Urteilsfällung jedoch vorbehalten wird.

2. Gegen den Minderjährigen selbst, der ja nach Art. 8 Abs. 2 ebenfalls ersatzpflichtig ist, kann auf Grund des Art. 10 nicht vorgegangen werden, vielmehr ist die Fällung einer vorläufigen Entscheidung im Verwaltungswege nur zulässig gegen die Eltern, gegen die Großeltern und gegen den Erzeuger eines unehelichen Kindes, gegen letzteren jedoch nur unter gewissen Voraussetzungen, nämlich:

a) Wenn er seine Vaterschaft nach der Geburt des Kindes in einer öffentlichen Urkunde anerkannt hat und damit der Einrede der mehreren Zuhälter verlustig gegangen ist (§ 1718 B.G.B.). „Oeffentliche Urkunde" ist hier im Sinne des § 415 C.P.O. zu verstehen. Eine öffentlich beglaubigte Erklärung genügt nicht. Zuständig zur Aufnahme der in § 1718 B.G.B. erwähnten öffentlichen Urkunden sind gemäß § 167 Abs. 2 G.F.G. die Notare und die Amtsgerichte — letztere nicht nur, soweit sie Vormundschaftsgerichte sind — ferner die Standesbeamten, wenn die Anerkennung der Vaterschaft bei der Anzeige von der Geburt des Kindes oder bei der Eheschließung seiner Eltern erfolgt. Von der durch § 191 Abs. 1 G.F.G. den Landesgesetzen gegebenen Möglichkeit, die Zuständigkeit zur Beurkundung auf andere Behörden oder Beamten auszudehnen, hat Bayern keinen Gebrauch gemacht, insbesondere hat es — im Gegensatze zu Preußen — den Standesbeamten nicht für andere als die oben erwähnten Fälle die Beurkundung übertragen. Es hat also eine in Bayern nicht bei der Geburt des Kindes oder bei der Eheschließung seiner Eltern erfolgte Beurkundung der Anerkennung vor dem Standesbeamten trotz der Vorschrift des § 25 Personenstandsgesetzes nicht die in § 1718 B.G.B. und Art. 10 unseres Gesetzes erwähnte Wirkung. (Diese Ansicht ist freilich bestritten, s. hierüber Planck, Bem. 5 Abs. 2 zu § 1718 BG.B.).

b) Wenn seine Unterhaltspflicht in einem vollstreckbaren Titel festgestellt ist. Als ein solcher gilt vor allem ein wenn auch nur vorläufig vollstreckbares Urteil, ferner gehören hierher die in § 794 C.P.O. aufgezählten vollstreckbaren Titel. Aus § 794 Nr. 5 C.P.O. in Verbindung mit Art. 15 A.G. zum G.V.G. in der Fassung des Art. 167 Nr. 1 A.G. zum B.G.B., ergibt sich, daß für die Anwendung des Art. 10 eine vom Amtsgerichte — nicht nur vom Vormundschaftsgerichte — beurkundete Vereinbarung zwischen dem Erzeuger und dem unehelichen Kind über dessen Unterhalt für die Zukunft genügt, wenn sich der Erzeuger in der Urkunde der sofortigen Zwangsvollstreckung unterworfen hat.

Gegen die Erben des unehelichen Vaters ist — mit Rücksicht auf § 1712 Abs. 2 B.G.B. — ein Vorgehen nach Art. 10 unzulässig, auch wenn bei dem Erzeuger eine der Voraussetzungen des Art. 10 noch vor seinem Tod eingetreten ist.

3. Die vorläufige Entscheidung nach Art. 10 erfolgt nicht von Amtswegen, sondern auf Antrag der Heimatgemeinde oder des Kreisfiskalats und zwar durch die Distriktsverwaltungsbehörde (Zuständigkeit s. Art. 12 Abs. 2). Gegen den Beschluß der Distriktsverwaltungsbehörde können der Antragsteller und der Unterhaltspflichtige binnen 14 Tagen Beschwerde zur K. Regierung, Kammer des Innern, ergreifen, die vorbehaltlich des Rechtswegs endgiltig entscheidet. Das Verfahren ist ein Verwaltungsverfahren, nicht ein Verwaltungsstreitverfahren; bei den Kreisregierungen ergeht daher nur einfache Bureauentschließung. Die Versäumung der vierzehntägigen Frist hat, eben weil es sich um eine Verwaltungssache handelt, nicht die Bedeutung, daß damit die ergangene Entscheidung unabänderlich würde; es kann immer noch das aufsichtliche Eingreifen der höheren Stelle angerufen werden und es ist daher auch nicht unzulässig, gegen die Entschließungen der Kreisregierungen sich an das Staatsministerium des Innern zu wenden; doch hat in solchen Fällen der Antragsteller kein Recht darauf, mit seinen Beschwerden gehört zu werden. Ein Eingreifen der Aufsichtsbehörden von Amtswegen ist nicht ausgeschlossen.

4. Die Verwaltungsbehörden haben bei ihren Entscheidungen zu berücksichtigen, daß die Erstattungspflicht nicht weiter reicht als die Unterhaltspflicht, und sich hiernach bei Bemessung der Ersatzbeträge zu richten (vergl. die Bemerkungen zu Art. 8). So ist z. B. zu beachten, daß die Großeltern erst nach den Eltern haften und daß der Vater regelmäßig vor der Mutter haftet (§ 1606 B.G.B.) und daß das Maß der Haftung bei den Großeltern ein anderes ist, als bei den Eltern (§ 1603 B.G.B.).

Die Entscheidung nach Art. 10 ist nicht davon abhängig, daß die Heimatgemeinde oder der Staat etwa bereits Klage gegen den Unterhaltspflichtigen auf Ersatz der Kosten erhoben haben; Art. 10 soll vielmehr dazu dienen, die Klagestellung überhaupt entbehrlich zu machen.

5 Die Entscheidung der Verwaltungsbehörde ist vorläufig vollstreckbar. Aus dem Wortlaute des Art. 10 geht nicht mit Sicherheit hervor, ob die Entscheidung erst mit Eintritt der Rechtskraft die Vollstreckbarkeit erhält oder ob der Beschluß der Distriktspolizeibehörde ohne weiteres, ohne Rücksicht auf den Lauf der im Abs. 2 bestimmten Frist oder etwa schon eingelegte Beschwerden, vollstreckbar wird. Es wird angenommen werden müssen, daß die Rechtskraft des Beschlusses nicht abgewartet werden muß: denn die Anordnung vorläufiger Vollstreckbarkeit im Gesetze will das Verfahren wohl nicht nur in der Weise beschleunigen, daß eine gerichtliche Entscheidung für entbehrlich erklärt wird, sondern auch Rechtsmitteln den Erfolg zeitweiser Verhinderung sofortiger Beitreibung versagen. Der Beschluß ist mit der Vollstreckungsklausel zu versehen, welche zu lauten hat „Vorstehende Ausfertigung wird hiermit für vollstreckbar erklärt"; diese Vollstreckungsklausel ist nicht auf die Urschrift des Beschlusses, sondern auf eine Ausfertigung zu setzen (Art. 6 A.G. zur C.P.O., § 2 der Verordnung vom 14. Juli 1879, J.M.Bl. S. 329, 330).

Zur Vollstreckung können sich die Verwaltungsbehörden sowohl der ihnen zu Gebote stehenden besonderen Vollzugsorgane bedienen (Bezirksamtsdiener), als auch der Gerichtsvollzieher (Art. 7 Abs. 1 A.G. zur C.P.O., § 205 der Geschäftsanweisung für die Gerichtsvollzieher vom 28. April 1900, J.M.Bl. S. 706). Bei der Ausführung der Vollstreckung sind die Vorschriften der C.P.O. zu beobachten. Soweit gewisse Vollstreckungsmittel, wie die Pfändung von Forderungen und Ansprüchen, die Zwangsverwaltung und Zwangsversteigerung, ausschließlich den Gerichten zugewiesen sind, ist deren Vermittelung anzurufen.

Einwendungen gegen die Zwangsvollstreckung sind nach Art. 7 Abs. 2 A.G. zur C.P.O. zu beurteilen. Soweit sie den Rechtsbestand oder die Auslegung der Entscheidung der Verwaltungsbehörde oder die Frage betreffen, ob die Forderung, für welche die Vollstreckung stattfindet, überhaupt oder in der angesprochenen Größe entstanden ist, soweit sie sich ferner auf die Zulässigkeit der Vollstreckungsklausel beziehen, sind sie bei der Verwaltungsbehörde einzulegen, die den Beschluß erlassen hat; über alle sonstigen Einwendungen und Streitigkeiten haben die Gerichte zu entscheiden, insbesondere also über solche, welche die Art der Ausführung der Vollstreckung angehen. Besonderer Betrachtung bedarf die Einwendung des Erlöschens der Forderung. Wenn behauptet wird, der Erlöschungsgrund sei nach Erteilung der Vollstreckungsklausel eingetreten, so ist die gerichtliche Zuständigkeit gegeben, und zwar ist die Einwendung durch Klage bei dem Gerichte geltend zu machen, das für die Sache zuständig gewesen wäre, wenn sie sich von Anfang an im Wege der Zivilklage abgespielt hätte (§ 767 C.P.O., Henle-Habel, Bem. 6 zu Art. 7 A.G. zur C.P.O.). Wird jedoch behauptet, der Erlöschungsgrund sei schon vor Erlaß der Entscheidung oder vor der Vollstreckbarkeitserklärung vorgelegen, es sei z. B. vor Fällung der Entscheidung rechtsgiltige Zahlung erfolgt, so richtet sich diese Einwendung sowohl gegen den Rechtsbestand des Beschlusses als auch gegen die Zulässigkeit der Vollstreckungsklausel und ist daher von der Verwaltungsbehörde zu verbescheiden.

Auch die vorgesetzten Verwaltungsbehörden können auf Antrag oder von Amtswegen anordnen, daß mit der Vollstreckung einstweilen innezuhalten sei, wenn dienstaufsichtliche Gründe dies nahelegen (Englert S. 92).

6. Die Entscheidung der Verwaltungsbehörden nach Art. 10 ist nicht endgiltig: der Rechtsweg bleibt vorbehalten, und wenn die Gerichte die Ersatzpflicht des in Anspruch Genommenen verneinen und ein von der Entscheidung der Verwaltungsbehörde abweichendes Urteil fällen, so wird nicht nur die weitere Vollstreckung aus der ersteren unzulässig, sondern es erwächst auch der Heimatgemeinde oder dem Staate die Pflicht, das von dem Unterhaltspflichtigen Geleistete oder zwangsweise von ihm Beigetriebene ganz oder teilweise zu ersetzen. Ein abweichendes gerichtliches Urteil wird sich in doppelter Weise ergeben können, zunächst dann, wenn Heimatgemeinde oder Staat schon vor oder gleichzeitig mit dem Vorgehen nach Art. 10 Ersatzklage gegen den Unterhaltspflichtigen erheben, die dann durch rechtskräftiges gerichtliches Urteil abgewiesen wird. Ist eine solche Klage nicht gestellt worden, so bleibt es dem Unterhaltspflichtigen selbst überlassen, die abweichende

Entscheidung herbeizuführen, indem er seinerseits Klage gegen Heimatgemeinde oder Staat erhebt. Diese Klage kann als negative Feststellungsklage erhoben werden — die schon vorliegende Entscheidung der Verwaltungsbehörde begründet zweifellos ein rechtliches Interesse des Unterhaltspflichtigen an der Feststellung, daß er zu einem Ersatze nicht verpflichtet sei — oder als Leistungsklage, indem das Gezahlte oder zwangsweise Abgenommene mit der Begründung zurückgefordert wird, eine Pflicht zur Zahlung habe nicht bestanden.

Aus einem Urteile, das die Verpflichtung zur Rückzahlung ausspricht, kann der in Anspruch Genommene nicht selbst die Zwangsvollstreckung betreiben, vielmehr bestimmt Art. 10 Abs. 4, der sich mit Art. 9 A.G. zur C.P.O. in Uebereinstimmung befindet, daß die Zurückzahlung der Leistungen und der Prozeßkosten, soweit sie nicht dem Unterhaltspflichtigen auferlegt sind, im Dienstaufsichtswege herbeizuführen ist. Ist der Staat beteiligt, so findet die Vollstreckung gegen ihn auf Grund des Art. 9 Abs. 1 A.G. zur C.P.O. auf dem Verwaltungsweg unter Verantwortlichkeit der zuständigen Behörden und Minister statt. Die Unzulänglichkeit der für die einschlägigen Dienstzweige bestimmten Gelder darf nicht zu einer Verzögerung führen.

Gegen die Heimatgemeinde ist gemäß Art. 10 Abs. 4 im Zusammenhalte mit Art. 9 Abs. 2 A.G. zur C.P.O. ebenfalls im Aufsichtswege vorzugehen. Auf welche Weise dies zu geschehen hat, ergibt sich aus Art. 157 G.O., insbesondere aus Abs. 5—8. (Für die Pfalz Art. 89 der pfälzischen G.O.: vgl. auch Kahr, G.O. Bd. II S. 51 ff.). Die vorgesetzte Verwaltungsbehörde (Art. 160 G.O.) hat, wenn die Verpflichtung nicht innerhalb einer angemessenen Frist erfüllt wird, an Stelle der Gemeindebehörde die zum Vollzug erforderlichen Verfügungen zu treffen, insbesondere auch die etwa erforderliche Umlage anzuordnen und deren Erhebung auf Kosten der Gemeinde zu veranlassen.

Art. 11.

Die den Gemeinden und den Distriktsgemeinden, sowie dem Staate durch die Zwangserziehung Minderjähriger erwachsenden Kosten gelten in keiner Hinsicht als Armenunterstützungen.

Die Aufwendungen des Staats, der Heimatgemeinden und der Distriktsgemeinden bei Durchführung der Zwangserziehung sind als polizeiliche Ausgaben zu betrachten, nicht als Leistungen der Armenpflege. Es sind daher sowohl für den Minderjährigen selbst, als auch für dessen Eltern, die Nachteile ausgeschlossen, die sonst mit dem Empfange von Armenunterstützungen für den Bedachten verbunden sind, insbesondere auf dem Gebiete des Heimatrechts, des Landtagswahlrechts u. s. w.

Art. 12.

Soweit nicht in diesem Gesetze ein Anderes vorgeschrieben ist, sind für die Zuständigkeit und das Verfahren in Angelegenheiten der Zwangserziehung die allgemeinen gesetzlichen Vor-

schriften, insbesondere für die Zuständigkeit und das Verfahren der Gerichte die für Vormundschaftssachen geltenden Vorschriften maßgebend.

Die örtliche Zuständigkeit der Distriktsverwaltungsbehörde bestimmt sich nach der Heimat des Minderjährigen oder, wenn dieser in Bayern eine Heimat nicht besitzt, nach demjenigen Orte, an welchem die Zuständigkeit des Vormundschaftsgerichts begründet ist. In München ist die K. Polizeidirektion zuständig.

Für die Verhandlungen in Angelegenheiten der Zwangserziehung kommen Gebühren und Porti nicht in Ansatz. Die baren Auslagen werden aus der Staatskasse bestritten. Die durch unbegründete Anträge und Einwendungen verursachten Kosten können den Beteiligten überbürdet werden.

1. Das Verfahren bei der Zwangserziehung zerfällt in zwei Abschnitte, in das Verfahren beim Vormundschaftsgericht und in das Verfahren bei den Verwaltungsbehörden. In beiden Teilen sind neben den besonderen Vorschriften des Zwangserziehungsgesetzes und der Ausführungsbestimmungen die allgemeinen gesetzlichen Vorschriften maßgebend. Die Durchführung der Zwangserziehung richtet sich nach den Bestimmungen über Verwaltungssachen, ebenso wie das Verfahren nach Art. 8 in den unteren Instanzen; soweit nach Art. 9 die Zuständigkeit des Verwaltungsgerichtshofs begründet ist, kommt das Gesetz vom 9. August 1878 zur Anwendung. Für das gerichtliche Verfahren ist neben dem B.G.B. das G.F.G. maßgebend und zwar wieder besonders in seinen Bestimmungen über das Verfahren in Vormundschaftssachen.

2. Das G.F.G. ist in seinen **allgemeinen** Bestimmungen insbesondere von Bedeutung für die Leistung der Rechtshilfe unter den Gerichten (§ 2 G.F.G., §§ 158 bis 169 G.V.G.), die Ausschließung und Ablehnung eines Richters (§ 6 G.F.G.), die Sitzungspolizei, Beratung, Abstimmung und Gerichtssprache (§§ 8, 9 G.F.G., §§ 186—193, 177—185, 194—200 G.V.G.), die Gerichtsferien (§ 10 G.F.G., §§ 201 ff. G.V.G.), die Form von Anträgen und Erklärungen (§ 11 G.F.G.), die Zulassung von Beiständen und Bevollmächtigten (§ 13 G.F.G.), die Beweisaufnahme (§ 15 G.F.G., §§ 373—401, 402—414 C.P.O.), die Bekanntmachung, Zustellung und Abänderung gerichtlicher Verfügungen (§§ 16, 18 G.F.G.), das Beschwerdeverfahren (§§ 19—30 G.F.G., mit den aus Art. 4 und 6 des Gesetzes sich ergebenden Abweichungen), die Akteneinsicht (§ 34 G.F.G.).

Die Zuständigkeit der Gerichte zur Anordnung der Zwangserziehung bemißt sich nach § 43 in Verbindung mit § 36 Abs. 1 und 2 G.F.G. Hiernach ist das Amtsgericht zuständig, in dessen Bezirk der Minderjährige, gegen welchen eingeschritten werden soll, seinen Wohnsitz oder in Ermangelung eines solchen seinen Aufenthaltsort hat; ist im Inlande weder ein Wohnsitz noch ein Aufenthalt zu ermitteln, so kommt der letzte inländische Wohnsitz in Betracht, in Ermangelung eines solchen tritt Bestimmung durch die Landesjustizverwaltung ein. Maßgebend für die Bemessung der Zuständigkeit ist nicht der Zeitpunkt, in dem die Zwangserziehung angeordnet wird, sondern der Zeitpunkt, in dem das Gericht mit der Sache befaßt wird, d. h. mit einem Antrag auf Anordnung der Zwangserziehung angegangen wird oder Kenntnis von Thatsachen erhält, die ein Einschreiten von Amtswegen erforderlich machen. Die Abgabe der Behandlung der Angelegenheit an ein anderes Gericht aus wichtigen Gründen ist nicht ausgeschlossen (§ 46 G.F.G.). Unter mehreren zuständigen Gerichten — z. B. bei mehrfachem Wohnsitz des Minderjährigen (§ 2 Abs. 7 B.G.B.) — gebührt dem Gerichte der Vorzug, das zuerst in der Sache thätig geworden ist (§ 4 G F.G.). Ein etwaiger Zuständigkeitsstreit ist nach § 8 G.F.G. auszutragen.

Ist für den Minderjährigen, dessen Zwangserziehung in Frage steht, schon eine Vormundschaft oder eine Pflegschaft anhängig oder ist seiner die elterliche Gewalt ausübenden Mutter ein Beistand bestellt, so ist das Gericht zuständig, bei dem die Vormundschaft, Pflegschaft oder Beistandschaft besteht.

Handelt es sich um einen Ausländer, so ist auch das Gericht zuständig, in dessen Bezirke das Bedürfnis einer Fürsorge hervortritt (§ 44 G.F.G.).

Wo ein Familienrat eingesetzt ist, tritt dieser an Stelle des Vormundschaftsgerichts für die Anordnung und Aufhebung der Zwangserziehung nicht. § 1827 B.G.B. kann für das Gebiet unseres Gesetzes keine Anwendung finden, weil die Zuständigkeit des Vormundschaftsrichters hier auf Landesrecht beruht und Art. 12 die allgemeinen Bestimmungen nur insoweit aufrecht erhält, als es sich um das Verfahren der Gerichte handelt. (Englert S. 36, anders für das preuß. Recht Schmitz, preuß. Fürsorgeerziehungsgesetz, 3. Aufl. S. 82).

Aus Art. 12 ergibt sich, daß auch die für das Verfahren der Gerichte in Vormundschaftssachen erlassenen Ministerialvorschriften für Angelegenheiten der Zwangserziehung anzuwenden sind, insbesondere die allgemeinen Bestimmungen der M.B. vom 19. Januar 1900, das Vormundschaftswesen betreffend (§§ 49 ff.), soweit sie hier von Belang sind. Anträge und Erklärungen, die vor dem zuständigen Gericht abgegeben werden, hat der Richter in der Regel selbst entgegenzunehmen und die Abfassung nicht dem Gerichtsschreiber zu überlassen (§ 50 a. a. O.). Die Ausfertigungen der Beschlüsse des Vormundschaftsgerichts sind vom Richter zu unterzeichnen und mit dem Gerichtssiegel zu versehen (§ 52 a. a. O.). Wird der Richter mit einer Verrichtung in Angelegenheiten der Zwangserziehung befaßt, so hat er sich zunächst zu vergewissern, ob in Ansehung des Minderjährigen schon einmal von einem deutschen Gericht eine vormundschaftsgerichtliche Thätigkeit entfaltet wurde, und die bezüglichen Akten zu erholen (§ 68 a. a. O.). Die Angelegenheiten der Zwangserziehung werden, wenn sie nicht zu einer anhängigen Vormundschaft, Pflegschaft oder Beistandschaft gehören, in das Register für Angelegenheiten der freiwilligen Gerichtsbarkeit eingetragen. Ferner sind für die Sammlung der auf die einzelne Angelegenheit bezüglichen Schriftstücke Akten zu bilden (§ 69 a. a. O., M.B. vom 28. Dezember 1899, (J.M.Bl. 1900 S. 89), insbesondere § 6 Abs. 2).

3. Die örtliche Zuständigkeit der Distriktsverwaltungsbehörde richtet sich nach der Heimat des Minderjährigen. Besitzt dieser nachweislich keine Heimat in Bayern — er ist z. B. Angehöriger eines anderen deutschen Bundesstaats — oder ist seine bayerische Heimat nicht ohne weiteres zu ermitteln, so ist die für den Bezirk des Vormundschaftsgerichts bestehende Distriktsverwaltungsbehörde zuständig, im letzteren Falle jedoch nur solange, bis die richtige Heimat ausgemittelt ist. Für München ist die K. Polizeidirektion zuständig; ihre Verrichtungen sind durch § 21 Abs. 3 der A.B. den Polizeiämtern übertragen. Wechselt während der Dauer der Zwangserziehung der Minderjährige seine Heimat, so ändert sich auch für alle von da an noch notwendig werdenden Verfügungen die Zuständigkeit der Distriktsverwaltungsbehörde, ebenso, wenn der Minderjährige während dieser Zeit das Heimatsrecht in Bayern überhaupt verliert.

4. Die Verhandlungen in Angelegenheiten der Zwangserziehung sind gebührenfrei und für den Schriftwechsel der Behörden kommen Porti nicht in Ansatz. Die baren Auslagen — Gebühren der Zeugen und Sachverständigen, Tagegelder der Beamten u. s. w. — werden von der Staatskasse bestritten. Diese Bestimmungen gelten nicht nur für das gerichtliche Verfahren, das die Anordnung oder Aufhebung der Zwangserziehung zum Gegenstande hat, sondern auch für die Verhandlungen der Verwaltungsbehörden bei Durchführung der Erziehung, ferner für die Erledigung der im Art. 9 bezeichneten Streitigkeiten einschließlich des Verfahrens beim Verwaltungsgerichtshof, sowie für das Beitreibungsverfahren nach Art. 10. Dagegen bezieht sich die Bestimmung natürlich nicht auf etwaige mit der Zwangserziehung zusammenhängende bürgerlichrechtliche Streitigkeiten, insbesondere nicht auf Prozesse über die Ersatzpflicht des Minderjährigen oder der Unterhaltspflichtigen.

Unter den baren Auslagen sind nur die Aufwendungen bei den Behörden zu verstehen, nicht etwaige Auslagen der Beteiligten, z. B. für ihre Anwesenheit bei gerichtlichen Terminen. Eine Möglichkeit, solche auf die Staatskasse zu überbürden, besteht nicht.

5. Durch die Vorschrift des Art. 12 Abs. 2 Satz 1 u. 2 werden Entscheidungen der Gerichte und Verwaltungsbehörden über die Pflicht zur Kostentragung für die Regel entbehrlich gemacht, ebenso hat eine Bewilligung des Armenrechts nicht stattzufinden. Im Verfahren vor dem Verwaltungsgerichtshof wird allerdings eine Entscheidung über die Kosten mit Rücksicht auf die dem Gegner erwachsenen Auslagen wohl nicht zu umgehen sein.

Durch Abs. 3 Satz 3 wird die Möglichkeit gewährt, in gewissen Fällen den Beteiligten die Kosten des Verfahrens aufzuerlegen. Wegen der Vorschriften in Satz 1 kann es sich hier nur um die baren Auslagen handeln; die Gebühren- und Portofreiheit kann nicht aufgehoben werden. Von der Möglichkeit der Kostenüberbürdung kann Gebrauch gemacht werden, wenn durch unbegründete Anträge und Einwendungen besondere Auslagen erwachsen sind. Ob dies zu geschehen habe, liegt im Ermessen der gerade mit der Sache befaßten Behörde; eine Verpflichtung, den Beteiligten in dieser Weise zu bestrafen, besteht nicht. Darum wird auch nicht bei jeder Abweisung eines sachlich unbegründeten Antrags die Kostenüberbürdung stattzufinden haben, vielmehr nur dann, wenn die Grundlosigkeit des Antrags oder der Einwendung dem Beteiligten bekannt war, oder bei besserer Aufmerksamkeit bekannt sein konnte und mußte, also wenn es sich um eine bewußte oder grobfahrlässige Belästigung der Behörden und Verzögerung des Verfahrens handelt. Es werden z. B. Zeugen benannt, die von der Sache unmöglich etwas wissen können oder es wird eine Beschwerde mit sinnloser Begründung eingereicht oder es wird aus Rachsucht und Gehässigkeit ein Antrag auf Anordnung der Zwangserziehung gestellt. Praktisch wird die Kostenüberbürdung wohl meistens nur im gerichtlichen Verfahren vorkommen, doch sind unbegründete Anträge auch beim Vollzug der Zwangserziehung denkbar, z. B. wenn der Distriktsverwaltungsbehörde die haltlose Anzeige erstattet wird, die mit der Erziehung betraute Familie vernachlässige diese, und mit Rücksicht hierauf eine Änderung des Unterbringungsorts beantragt wird.

Als Beteiligter im Sinne des Satzes 3 gilt nicht nur die Person, gegen die sich das Verfahren unmittelbar richtet, z. B. der Vater, sondern jeder, der sich durch Stellung von Anträgen am Verfahren beteiligt.

Die Kostenüberbürdung erfolgt durch Beschluß der Behörde, die über den Antrag sachlich zu entscheiden hat, bei den Gerichten regelmäßig zugleich mit den Beschlüssen über Anordnung oder Ablehnung der Zwangserziehung. Die Entscheidung unterliegt den gleichen Rechtsmitteln, wie die übrigen Beschlüsse der betreffenden Behörde überhaupt. Die Beschwerde gegen gerichtliche Entscheidungen ist nur die einfache, nicht die sofortige, weil Art. 4 Abs. 3 sich nicht auf sie bezieht. Das Gericht ist daher befugt, seine Entscheidung selbst abzuändern.

Art. 13.

Mit Geldstrafe bis zu einhundert fünfzig Mark oder mit Haft wird bestraft, wer einen zur Zwangserziehung in einer Familie oder in einer Anstalt untergebrachten Minderjährigen unbefugt entfernt oder zur Entfernung verleitet.

1. Strafbar ist nach Art. 16 nur die Entfernung des Minderjährigen aus der Familie oder Anstalt, in der er untergebracht ist, sowie die Verleitung zur Entfernung. Unter Entfernung ist jede Handlung zu verstehen, die den Minderjährigen der über ihn angeordneten Obhut entzieht, einerlei ob der Entfernende hierbei die Hauptrolle spielt oder ob er nur dem selbst schon die Flucht planenden und vorbereitenden Zöglinge Hilfe, Rat und Unterstützung gewährt. Unter Verleitung ist jede Einwirkung auf den Minderjährigen inbegriffen, welche in diesem den Gedanken der Flucht erweckt, wachhält oder verstärkt.

Die Strafbarkeit der Entfernung beginnt erst, wenn der Minderjährige schon in einer Anstalt oder Familie untergebracht ist und ist ausgeschlossen, wenn dieser durch die Handlung eines anderen oder durch eigene Thätigkeit seinem bisherigen Erziehungsort entronnen ist. Straflos bleibt daher, wer einen Minderjährigen, dessen Zwangserziehung angeordnet aber noch nicht durchgeführt ist, der Einschaffung durch Verheimlichung oder Ermöglichung der Flucht entzieht, wer einen Minderjährigen auf dem Transporte zur Anstalt oder Familie aus dem Gewahrsam des Begleiters entfernt, wer einen entschlüpften Zögling verbirgt oder seine weitere Flucht erleichtert. In allen diesen Fällen können jedoch unter Umständen, wenn unzulässige Mittel gewählt werden — z. B. Bedrohungen oder Thätlichkeiten gegen einen Beamten — die Bestimmungen des Strafgesetzbuchs Anwendung finden.

2. Eine Verfehlung gegen Art. 13 kann sich zuweilen auch als ein Vergehen oder Verbrechen nach § 235 des Str.G.B. darstellen, nämlich dann, wenn die Entfernung mit Gewalt, Drohung oder List erfolgt und wenn es sich um ein unter Vormundschaft oder Pflegschaft stehendes Kind handelt. Denn die Erziehungsgewalt des Vormundes oder Pflegers wird durch die Unterbringung des Zöglings in einer Familie oder Anstalt nicht aufgehoben, wenn auch für ihre thatsächliche Ausübung während der Dauer der Zwangserziehung kein Raum ist; die Anwendung des § 235 Str.G.B. wird dadurch nicht ausgeschlossen, daß der Geltendmachung des Erziehungsrechts schon vor der Entziehung Hindernisse entgegenstanden, oder daß es nicht ausgeübt wurde (vergl. Olshausen, Bem. 2 zu § 235 Str.G.B.). Eine Konkurrenz zwischen Art. 13 und § 235 Str.G.B. ist nach § 73 Str.G.B. zu behandeln.

3. Die strafbare Handlung nach Art. 13 ist Uebertretung. Ihre Aburteilung gehört zur Zuständigkeit der Schöffengerichte. Versuch und Beihilfe sind nicht strafbar (§§ 43, 49 Str.G.B.).

4. Art. 13 wird auch anwendbar sein, wenn die Unterbringung nicht auf Grund dieses Gesetzes, sondern lediglich nach §§ 1666, 1838 B.G.B. erfolgte (s. ferner Art. 14).

Art. 14.

Vorstehender Artikel findet auch bei Unterbringung von Minderjährigen auf Grund des § 56 und des § 362 Abs. 3 Satz 2 des Reichsstrafgesetzbuches Anwendung.

Im übrigen sind für solche Fälle die zum Vollzuge dieser Bestimmungen erlassenen oder künftig zu erlassenden Ministerialvorschriften maßgebend. Die Kosten der Unterbringung trägt in diesen Fällen die Staatskasse.

1. Die Fälle des § 56 Str.G.B. — Freisprechung eines Angeschuldigten im Alter von zwölf bis zu achtzehn Jahren wegen mangelnder Einsicht in die Strafbarkeit seiner Handlung und dessen Unterbringung in einer Erziehungs- oder Besserungsanstalt auf Beschluß des Strafrichters — werden vom Gesetze im allgemeinen nicht behandelt und nur in zwei Punkten einer Regelung unterworfen. Zunächst wird gesetzlich ausgesprochen, daß in solchen Fällen der Staat die Unterbringungskosten ausschließlich, ohne Inanspruchnahme der Gemeinden, zu tragen hat. Ueber die Anstalten, die zur Unterbringung bestimmt sind, s. d. M.E. v. 31. Dezember 1871 (J.M.Bl. 1872

S. 16ff.) und die A.B. § 60, vergl. ferner die M.E. v. 25. Mai 1893 (Amtsblatt des Min. d. J. S. 135) und die M.E. v. 27. Januar 1898.

Die Kosten der Unterbringung trägt der Staat ferner in den Fällen des § 362 Abs. 3 Satz 2 Str.G.B., nämlich bei Einschaffung einer der gewerbsmäßigen Unzucht ergebenen Weibsperson in eine Besserungs- oder Erziehungsanstalt oder in ein Asyl; vergl. hierzu die M.B. v. 5. April 1901 (Amtsblatt des Min. d. J. S. 169).

2. Durch Art. 14 wird die Strafdrohung des Art 13 auf die Fälle erstreckt, in denen jemand eine minderjährige, auf Grund des § 56 oder § 362 Abs. 3 Satz 2 Str.G B. in einer Anstalt untergebrachte Person unbefugt entfernt oder zur Entfernung verleitet. Ist die untergebrachte Person, was im Falle des § 362 Abs. 3 Satz 2 Str.G.B. denkbar ist, volljährig, so ist die Entfernung oder die Verleitung hierzu nicht strafbar. Im übrigen kann auf die Bemerkungen zu Art. 13 verwiesen werden.

Art. 15.

Gegenwärtiges Gesetz tritt am 1. Juli 1902 in Kraft.

Darüber, welche Bestimmungen des bisherigen Rechts vom Gesetz unberührt geblieben sind, s. die Einleitung unter Nr. 6.

Gegeben zu München, den 10. Mai 1902.

Luitpold,
Prinz von Bayern,
des Königreichs Bayern Verweser.

Dr. Graf v. Crailsheim. Dr. Frhr. v. Riedel.
Dr. Frhr. v. Feilitzsch. Dr. Frhr. v. Leonrod. Frhr. v. Asch.
Dr. v. Landmann.

Auf Allerhöchsten Befehl:
Der Ministerialrat
im K. Staatsministerium des Innern:
Dr. Proebst.

Bekanntmachung.

K. Staatsministerien der Justiz, des Innern beider Abteilungen und der Finanzen.

Zum Vollzuge des Gesetzes vom 10. Mai 1902, die Zwangserziehung betreffend (Ges.- u. Verordn.-Bl. S. 180), wird Nachstehendes verfügt:

I. Voraussetzungen der Zwangserziehung.

§ 1.

Zwangserziehung im Sinne des Zwangserziehungsgesetzes und dieser Ausführungsbestimmungen ist die Unterbringung eines Minderjährigen in einer Familie oder in einer Erziehungs- oder Besserungsanstalt auf öffentliche Kosten zum Zwecke der Erziehung.

§ 2.

Die Zwangserziehung ist zulässig:

1. Wenn sie erforderlich ist, um die sittliche oder körperliche Verwahrlosung des Minderjährigen zu verhüten.

Steht jedoch das Erziehungsrecht dem Vater oder der ehelichen oder unehelichen Mutter zu — gleichgiltig ob der Minderjährige unter elterlicher Gewalt steht oder bevormundet ist, — so ist weitere Voraussetzung, daß die Gefahr der Verwahrlosung durch ein schuldhaftes Verhalten des erziehungsberechtigten Elternteils herbeigeführt worden ist. Ein schuldhaftes Verhalten des erziehungsberechtigten Elternteils liegt vor, wenn das geistige oder leibliche Wohl des Minderjährigen dadurch gefährdet erscheint, daß der erziehungsberechtigte Elternteil das Recht der Sorge für die Person des Minderjährigen mißbraucht, den Minderjährigen vernachlässigt oder sich eines ehrlosen oder unsittlichen Verhaltens schuldig macht.

2. Wenn der Minderjährige eine strafbare Handlung begangen hat, wegen deren er in Anbetracht seines jugendlichen Alters gemäß § 55 des Strafgesetzbuchs strafrechtlich nicht verfolgt werden kann, und mit Rücksicht auf die Beschaffenheit der Handlung, die Persönlichkeit der Eltern oder sonstigen Erzieher und die übrigen Lebensverhältnisse des Minderjährigen seiner weiteren sittlichen Verwahrlosung nur durch die Zwangserziehung vorgebeugt werden kann.

3. Wenn die Zwangserziehung zur Verhütung des völligen sittlichen Verderbens des Minderjährigen notwendig ist. In diesem Falle kommt es weder darauf an, ob der Erziehungsberechtigte die Verwahrlosung verschuldet hat, noch darauf, ob sich die Verwahrlosung bereits in einer strafbaren Handlung des Minderjährigen geäußert hat.

§ 3.

Die Zwangserziehung soll das letzte Auskunftsmittel sein; sie greift so tief in die Verhältnisse des Minderjährigen und seiner Angehörigen ein, daß sie nur angeordnet werden darf, wenn auf anderem Wege eine geordnete Erziehung nicht zu erreichen ist.

Hat die Verwahrlosung des Minderjährigen ihren Grund in wirtschaftlicher Not der Eltern oder sonstigen Erzieher oder in mangelhafter Fürsorge für ein verwaistes Kind, so ist zunächst darauf zu achten, ob nicht durch Maßnahmen der Armenpflege Abhilfe geschaffen werden kann.

Die Zwangserziehung darf nicht dazu benützt werden, um Armenlasten abzuwälzen.

1. Die Heranziehung der Armenpflegen ist auf Grund folgender gesetzlicher Vorschriften möglich:

Gemäß Art. 11 des Armengesetzes haben die Gemeinden die in ihnen heimatberechtigten hilfsbedürftigen Personen zu unterstützen und zwar erstreckt sich diese Verpflichtung auch auf die erforderliche Erziehung und Ausbildung armer Kinder. Die Verpflichtung der Armenpflegen tritt jedoch nur unter den Voraussetzungen der Art. 3 und 4 des Armengesetzes ein. Als hilfsbedürftig gilt hiernach nur, wer wegen Mangels eigener Mittel und Kräfte oder infolge eines besonderen Notstands das zur Erhaltung des Lebens oder der Gesundheit Unentbehrliche nicht zu beschaffen vermag und die Armenpflege hat nur einzugreifen, wenn der Hilfsbedürftige weder von den Unterhaltspflichtigen noch durch freiwillige Armenpflege die nötige Hilfe erlangen kann. Als hilfsbedürftig sind auch die Kinder jener Eltern zu erachten, welche, ohne selbst unterstützungsbedürftig zu sein, gleichwohl die erforderlichen Erziehungs- oder Unterrichtskosten nicht zu bestreiten vermögen (Reger, Bem. 14 zu Art. 11 des Armengesetzes).

An Stelle der Heimatgemeinde tritt die Arbeitsgemeinde für Dienstboten, Gewerbsgehilfen, Lehrlinge, Fabrik- und Lohnarbeiter unter den Voraussetzungen des Art. 12 des Armengesetzes, ferner nach Art. 14 Abs. 4 ebenda in gewissen Fällen die Aufenthaltsgemeinde. Statt der Heimatgemeinde ist weiter die Schulgemeinde unterstützungspflichtig für Schullehrer, deren Frauen oder Witwen und Kinder nach Art. 14 Abs. 4 des Heimatgesetzes.

Eine Unterstützungspflicht des Staates besteht in den Fällen des Art. 16 Abs. 2 des Armengesetzes, Art. 14 Abs. 2, 19, 31 Abs. 2 und 3 des Heimatgesetzes.

2. Wenn der mit der Behandlung einer Zwangserziehungssache betraute Vormundschaftsrichter zu der Anschauung kommt, daß eine Verpflichtung der Armenpflege zum Eingreifen bestehe und durch dieses die Zwangserziehung entbehrlich gemacht werden könne, so hat er die zuständige Behörde, in der Regel also den Armenpflegschaftsrat, durch Mitteilung des Sachverhalts oder Uebersendung der Akten zu verständigen. Wird die Unterstützungspflicht verneint oder erfolgt thatsächlich eine Thätigkeit der Armenpflege nicht, so kann der Vormundschaftsrichter das aufsichtliche Einschreiten der vorgesetzten Stellen herbeiführen (Armengesetz Art. 42).

§ 4.

Eine untere Altersgrenze für die Anordnung der Zwangserziehung besteht nicht. Es können ihr also auch Kinder überwiesen werden, die das schulpflichtige Alter noch nicht erreicht haben; bei diesen ist aber mit besonderer Sorgfalt zu prüfen, ob nicht durch andere Maßnahmen dem Bedürfnisse genügt werden kann.

Hat der Minderjährige das 16. Lebensjahr vollendet, so soll die Zwangserziehung nur in besonderen Fällen angeordnet werden, d. h. nur, wenn begründete Aussicht besteht, daß durch die Zwangserziehung eine Besserung erreicht wird.

Bei minderjährigen Mädchen, welche sich der gewerbsmäßigen Unzucht ergeben haben, ist in jedem Falle die Frage der Zwangserziehung zu würdigen und darf vorher eine sittenpolizeiliche Aufsicht (§ 361 Nr. 6 des Strafgesetzbuches) nicht angeordnet werden.

Im Falle des Abs. 3 tritt die in Art. 2 des Gesetzes verordnete Pflicht der Polizeibehörde ein, dem Vormundschaftsgerichte Mitteilung zu machen. Ordnet dieses die Zwangserziehung an, so entfällt damit natürlich die Möglichkeit einer Stellung unter sittenpolizeiliche Aufsicht; diese ist dagegen möglich, wenn das Vormundschaftsgericht die Zwangserziehung nicht anordnet, z. B. weil das Mädchen das 16. Lebensjahr schon vollendet hat, und eine Besserung nach Lage der Sache nicht zu erwarten ist. Ist schon einmal eine Bestrafung wegen gewerbsmäßiger Unzucht erfolgt und wurde die Ueberweisung an die Landespolizeibehörde ausgesprochen, so kann auch nach § 362 Abs. 3 Satz 2 Str.G.B. vorgegangen werden (vergl. § 60 A.V.).

§ 5.

Die Anwendbarkeit des Zwangserziehungsgesetzes wird nicht dadurch ausgeschlossen, daß der Minderjährige, hinsichtlich dessen die Voraussetzungen des § 2 vorliegen, oder seine unterhaltspflichtigen Verwandten hinreichendes Vermögen besitzen, um die Kosten der Unterbringung in einer Familie oder in einer Erziehungs- und Besserungsanstalt zu bestreiten.

Das Vormundschaftsgericht ist aber in einem solchen Falle, sofern die Voraussetzungen des § 1666 oder des § 1838 des B.G.B. gegeben sind, auch berechtigt, die Unterbringung in einer Familie oder Anstalt ohne Mitwirkung der Distriktsverwaltungsbehörde anzuordnen und die Anordnung selbst zu vollziehen. Die in den §§ 10, 11, 13, 22, 24—28, 30—38 für die Zwangserziehung getroffenen Ausführungsbestimmungen werden indessen dem Vormundschaftsgericht auch für den Fall, daß es selbst die Unterbringung in die Hand nimmt, zur Richtschnur zu dienen haben.

Es wird sich übrigens empfehlen, daß das Vormundschaftsgericht von dieser Befugnis nur dann Gebrauch macht, wenn von Anfang an unzweifelhaft ist, daß die sämtlichen Kosten von dem Minderjährigen oder dessen unterhaltspflichtigen Verwandten gedeckt werden.

Gemäß Abs. 3 wird der Vormundschaftsrichter nur dann die Zwangserziehung selbst durchführen, wenn er selbst ausreichendes Vermögen des Minderjährigen heranzuziehen imstande ist (das Vermögen besteht z. B. in hinterlegten Wertpapieren) oder wenn der Unterhaltspflichtige sich selbst bereit erklärt hat, freiwillig die Kosten zu tragen und nach Lage der Sache weder an seinem guten Willen noch an seiner Leistungsfähigkeit zu zweifeln ist, oder wenn ein vollstreckbarer Titel gegen den Unterhaltspflichtigen schon vorliegt und die Zwangsvollstreckung Erfolg verspricht. Erfordert die Bereitstellung der nötigen Mittel die Durchführung eines Prozesses gegen den Unterhaltspflichtigen, so wird ein Vorgehen auf öffentliche Kosten regelmäßig zweckmäßiger sein.

§ 6.

Das Zwangserziehungsgesetz findet, sofern nur die Voraussetzungen des § 2 gegeben sind, auch dann Anwendung, wenn der Erziehungsberechtigte gemäß § 1631 Abs. 2 Satz 2, §§ 1686, 1800 des B.G.B. die Zwangserziehung selbst beantragt.

Zwangserziehung auf öffentliche Kosten als Zuchtmittel zur Unterstützung des Erziehungsberechtigten ist natürlich nur denkbar, wenn die Voraussetzungen des Art. 1 des Gesetzes (insbesondere Ziff. 2 u. 3) gegeben sind.

II. Anordnung der Zwangserziehung.

§ 7.

Die Zwangserziehung kann nur vom Vormundschaftsgerichte angeordnet werden. Das Vormundschaftsgericht muß die Zwangserziehung anordnen, wenn ihm, sei es durch eigene Wahrnehmungen oder infolge der Anzeige eines Dritten, Thatsachen bekannt werden, welche die Zulässigkeit der Zwangserziehung begründen.

§ 8.

Die Staatsanwaltschaften, die Polizeibehörden und die Schulbehörden sind nach Artikel 2 des Zwangserziehungsgesetzes, die Gemeindewaisenräte sind nach den §§ 1675, 1686, 1850 des B.G.B. verpflichtet, die zu ihrer Kenntnis gelangenden Thatsachen, welche die Zulässigkeit der Zwangserziehung begründen, dem Vormundschaftsgerichte mitzuteilen.

Die Staatsanwaltschaften haben nicht nur die Fälle mitzuteilen, in denen ein Minderjähriger sich einer strafbaren Handlung schuldig gemacht hat, welche im Zusammenhalte mit den sonstigen Verhältnissen des Minderjährigen die Zwangserziehung erforderlich erscheinen läßt, sondern auch die Fälle, in welchen durch Handlungen anderer Personen, z. B. durch Mißhandlungen seitens der Eltern, Vornahme unzüchtiger Handlungen, Kuppelei, nach den Umständen des Falles die Besorgnis der Verwahrlosung des Minderjährigen begründet erscheint.

Die Polizeibehörden werden insbesondere auch dann, wenn ein Minderjähriger der Landespolizeibehörde überwiesen worden ist, die Frage zur Erörterung bringen, ob nicht dem Vollzuge der Ueberweisung die Einleitung der Zwangserziehung vorzuziehen sei.

Den Amtsärzten hat das Zwangserziehungsgesetz eine Anzeigepflicht nicht auferlegt. Die Amtsärzte sind schon vermöge ihrer allgemeinen Dienstpflicht zur Mitwirkung beim Vollzuge des Zwangserziehungsgesetzes berufen und haben deshalb dem Vormundschaftsgericht oder der Polizeibehörde die zur Zwangserziehung geeigneten Fälle, welche zu ihrer Kenntnis gelangen, mitzuteilen, soweit nicht ihre Verpflichtung zur Wahrung des Berufsgeheimnisses entgegensteht.

Auch die Verwaltungen der Strafanstalten haben, wenn sie die Einleitung der Zwangserziehung gegen einen jugendlichen Gefangenen nach verbüßter Strafe für notwendig erachten, hiervon

nach Anhörung des Anstaltsgeistlichen und des Lehrers dem Vormundschaftsgerichte Mitteilung zu machen.

Zu Abs. 3. Durch die Ueberweisung eines Verurteilten an die Landespolizeibehörde (§ 362 Abs. 2—4 St.G.B.), erhält diese die Befugnis zur Einschaffung des Verurteilten in ein Arbeitshaus. Ob sie von dieser Befugnis Gebrauch machen will, liegt in ihrem Ermessen. Erweist sich die Zwangserziehung als ein geeigneteres Mittel der Besserung, so kann diese beantragt und die Einschaffung unterlassen werden. Es ist jedoch zu beachten, daß gemäß § 362 Abs. 3 Satz 2 Str.G.B. die der gewerbsmäßigen Unzucht ergebenen Frauenspersonen statt in ein Arbeitshaus auch in eine Erziehungs- oder Besserungsanstalt oder in ein Asyl verbracht werden können und daß bei noch nicht achtzehn Jahre alten Mädchen nur dieser Weg eingeschlagen werden darf. Es wird also durch ein Vergehen auf Grund des Zwangserziehungsgesetzes in solchen Fällen regelmäßig nicht viel mehr erreicht werden als durch Anwendung des § 362 Str.G.B. und der einzige Unterschied zwischen beiden Arten des Einschreitens liegt nur darin, daß bei der Zwangserziehung auch die Unterbringung in einer Familie möglich ist. Es werden daher die Polizeibehörden in solchen Fällen nur ausnahmsweise die Einleitung der Zwangserziehung anzuregen haben, insbesondere nicht etwa bloß zu dem Zwecke, um die nach Art. 14 des Gesetzes den Staat treffenden Kosten auf andere Schultern abzuwälzen.

Ist die Einschaffung in ein Arbeitshaus oder in eine Anstalt auf Grund des § 362 Str.G.B. schon vollzogen, so kann die Zwangserziehung auch noch nach Beendigung dieser Maßregeln angeordnet werden, falls diese zu einer gründlichen Besserung nicht geführt haben.

Darüber, daß auch gegen einen Ausländer trotz der in § 362 Abs. 4 Str.G.B. gegebenen Möglichkeit der Verweisung aus dem Bundesgebiete Zwangserziehung angeordnet werden kann, s. Bem. 3 Abs. 2—4 zu Art. 1 des Gesetzes.

§ 9.

Das Vormundschaftsgericht hat nach Maßgabe der Vorschriften des Zwangserziehungsgesetzes und der für Vormundschaftssachen allgemein geltenden Vorschriften zu prüfen, ob die Voraussetzungen der Zwangserziehung vorliegen. Insbesondere hat es von Amtswegen die zur Feststellung der Thatsachen erforderlichen Ermittelungen zu veranstalten und die geeignet erscheinenden Beweise aufzunehmen.

§ 10.

Vor der Entscheidung über die Zwangserziehung hat das Vormundschaftsgericht die Eltern, den gesetzlichen Vertreter des Minderjährigen, dem die Sorge für die Person zusteht, und den Minderjährigen selbst, sofern er das 14. Lebensjahr vollendet hat

zu hören. Die Mutter ist auch dann zu hören, wenn sie die elterliche Gewalt nicht hat.

Das Vormundschaftsgericht soll auch sonstige Verwandte oder Verschwägerte des Minderjährigen hören. Die Anhörung bestimmt sich nach § 1673 Abs. 2, §§ 1686, 1874 des B.G.B. Ist der Mutter ein Beistand bestellt oder ist ein Gegenvormund vorhanden, so empfiehlt es sich auch diesen zu hören.

Die Anhörung darf unterbleiben, wenn sie eine erhebliche Verzögerung oder unverhältnismäßige Kosten verursachen würde.

§ 11.

Das Vormundschaftsgericht muß ferner dem Pfarramt und, sofern der Minderjährige noch eine Schule besucht, der Schulbehörde Gelegenheit geben, sich zu äußern. Bei Minderjährigen, welche einer privaten Religionsgesellschaft angehören, ist der zuständige Geistliche einzuvernehmen. Es ist zweckmäßig, die Schulbehörde auch dann einzuvernehmen, wenn der Minderjährige eine Schule erst kurze Zeit vorher verlassen hat.

Als Schulbehörden kommen die Lokal- und Stadtbezirks-Schulinspektionen, in der Pfalz die Ortsschulkommissionen in Betracht, und zwar gleichviel ob der Minderjährige die Volksschule oder eine dieselbe ersetzende Unterrichtsanstalt besucht; bei Minderjährigen, welche eine höhere Lehranstalt besuchen, ist der Vorsteher der Anstalt zu hören.

Die Schulbehörde hat vor Abgabe ihrer Aeußerung stets den Klassenlehrer des Minderjährigen einzuvernehmen.

Je nach Umständen wird es geboten sein, auch den Amtsarzt zu hören.

§ 12.

Nach Anhörung der in den §§ 10, 11 bezeichneten Personen und Behörden sind die Akten der Distriktsverwaltungsbehörde (§ 21) zur Aeußerung mitzuteilen.

Die Distriktsverwaltungsbehörde hat der Heimatgemeinde und, wenn der Minderjährige in Bayern eine Heimat nicht besitzt, dem Kreisfiskalate Gelegenheit zu geben, sich über die Anordnung und die Art der Zwangserziehung zu äußern.

Steht die Heimat des Minderjährigen nicht fest, so darf durch die Erhebungen über die Heimat das Verfahren über die Anordnung der Zwangserziehung nicht verzögert werden. Das Vormundschaftsgericht hat daher in diesem Falle die Akten derjenigen Distriktsverwaltungsbehörde mitzuteilen, zu deren Bezirk der Ort gehört, durch welchen die Zuständigkeit des Vormundschaftsgerichts begründet ist.

§ 13.

Das Vormundschaftsgericht hat über die Anordnung der Zwangserziehung einen mit Gründen versehenen Beschluß zu fassen.

Der Beschluß hat zu enthalten:

1. die Bezeichnung des Minderjährigen nach Namen, Religion, Beruf, Geburtsort, Geburtszeit und Wohnort;

2. die Bezeichnung der Eltern nach Namen, Beruf und Wohnort; wenn ein Elternteil gestorben ist, ist dies anzugeben;

3. die Bezeichnung des gesetzlichen Vertreters, dem die Sorge für die Person zusteht, nach Namen, Beruf und Wohnort;

4. die Feststellung des Eintritts der gesetzlichen Voraussetzungen unter Bezeichnung der für erwiesen erachteten Thatsachen; insbesondere ist zum Ausdrucke zu bringen, auf welche der unter Ziff. 1 bis 3 des Artikel 1 des Zwangserziehungsgesetzes aufgestellten Voraussetzungen die Entscheidung sich gründet.

Der Inhalt des Beschlusses ist so zu fassen, daß er ein klares Bild von den persönlichen Verhältnissen des Minderjährigen und von den Thatsachen, die zu seiner Unterbringung führten, gibt. Die genaue Kenntnis der Thatsachen und Erwägungen, auf die das Vormundschaftsgericht seine Entscheidung gestützt hat, ist auch für die von der Distriktsverwaltungsbehörde zur Ausführung zu ergreifenden Maßnahmen von Bedeutung.

Der in § 13 vorgeschriebene Inhalt des Beschlusses muß nicht notwendig im verfügenden Teil enthalten sein; es genügt, wenn die Gründe alles Erforderliche enthalten; es läßt sich dies aus der Vorschrift der Ziffer 4 folgern: die dort vorgeschriebenen Erörterungen lassen sich in den Tenor nicht aufnehmen. Für den Fall, daß die Anordnung der Zwangserziehung durch einen förmlichen Beschluß abgelehnt wird — vgl. Bem. 2 zu Art. 4 des Gesetzes — sind bestimmte Vorschriften über den Inhalt der Verfügung nicht getroffen. Da jedoch die Möglichkeit einer Beschwerde besteht, werden auch solche Beschlüsse stets mit Gründen zu versehen sein und aus diesen wird hervorgehen müssen, ob die Ablehnung aus Rechtsgründen erfolgte, oder ob das Vorliegen der thatsächlichen Voraussetzungen als nicht erwiesen angenommen wurde (vergl. § 16).

Gemäß § 25 G.F.G. ist die Entscheidung des Beschwerdegerichts stets mit Gründen zu versehen. Ordnet dieses erst die Zwangserziehung an, so wird es gleichfalls die Bestimmungen des § 13 zu beobachten haben.

§ 14.

Der Beschluß, durch den die Zwangserziehung angeordnet wird, ist dem Vater, der ehelichen oder unehelichen Mutter und dem gesetzlichen Vertreter des Minderjährigen, dem die Sorge für die Person zusteht, ferner dem Minderjährigen selbst, wenn er das 14. Lebensjahr vollendet hat, der Distriktsverwaltungsbehörde und der Heimatgemeinde zuzustellen.

§ 15.

Ist der die Zwangserziehung anordnende Beschluß rechtskräftig geworden, so hat das Vormundschaftsgericht der Distriktsverwaltungsbehörde von dem Eintritte der Vollstreckbarkeit Mitteilung zu machen.

Durch § 15 wird das Recht der Distriktsverwaltungsbehörde, die Rechtskraft des gerichtlichen Beschlusses nachzuprüfen, nicht berührt, denn vor eingetretener Rechtskraft ist sie — solange keine vorläufige Unterbringung nach Art. 4 Abs. 2 des Gesetzes angeordnet ist — zu einer Thätigkeit nicht verpflichtet und darf auch Zwangsmaßregeln nicht anwenden. Sie wird daher Einsicht der Akten verlangen können.

§ 16.

Das Vormundschaftsgericht hat auch den die Zwangserziehung ablehnenden Beschluß der Distriktsverwaltungsbehörde zuzustellen, wenn es dieser gemäß § 12 die Akten zur Aeußerung mitgeteilt hat.

§ 17.

Das Vormundschaftsgericht hat der Distriktsverwaltungsbehörde auch von der auf Beschwerde eines Beteiligten ergangenen Entscheidung des Landgerichts oder des Obersten Landesgerichts Mitteilung zu machen, sofern nicht das Beschwerdegericht seinen Beschluß der Distriktsverwaltungsbehörde bereits zugestellt hat.

Die Notwendigkeit der Zustellung einer Entscheidung des Beschwerdegerichts an die Distriktsverwaltungsbehörde durch das Beschwerdegericht selbst kann sich aus § 16 G.F.G. ergeben.

§ 18.

Der Distriktsverwaltungsbehörde ist der die Zwangserziehung anordnende Beschluß des Vormundschaftsgerichts und, wenn die Zwangserziehung vom Beschwerdegericht angeordnet wird, der Beschluß des Beschwerdegerichts mit Rücksicht auf die Vorschrift des § 37 Abs. 3 in **zwei** Ausfertigungen oder Abschriften zuzustellen.

§ 19.

Durch die vorstehenden Vorschriften werden die Bestimmungen nicht berührt, nach denen die auf Grund des Zwangserziehungsgesetzes ergehenden gerichtlichen Beschlüsse auch noch anderen Personen zuzustellen sind.

Vgl. § 16 G.F.G.

III. Vorläufige Unterbringung.

§ 20.

Das Vormundschaftsgericht kann, wenn mit dem Aufschube Gefahr verbunden ist, auch vor Abschluß des Verfahrens die vorläufige Unterbringung des Minderjährigen anordnen (Artikel 4 Abs. 2 des Zwangserziehungsgesetzes). Die vorläufige Unterbringung kann sich insbesondere dann empfehlen, wenn gegen den die Zwangserziehung anordnenden Beschluß von den Eltern oder dem Minderjährigen oder dessen gesetzlichem Vertreter Beschwerde eingelegt ist.

Der die Anordnung enthaltende Beschluß ist mit Gründen zu versehen und muß die gleichen Angaben, wie die die Zwangserziehung anordnende Verfügung (§ 13), sowie die Feststellung enthalten, daß mit dem Aufschube Gefahr verbunden ist. Die Vorschriften der §§ 14, 17—19 finden Anwendung.

IV. Durchführung der Zwangserziehung.

a) Im allgemeinen.

§ 21.

Die Durchführung der Zwangserziehung obliegt der Distriktsverwaltungsbehörde. Sie bestimmt darüber, ob der Minderjährige in einer Familie oder in einer Erziehungs- oder Besserungsanstalt untergebracht werden soll; sie führt über den Minderjährigen die Aufsicht bis zur Beendigung der Zwangserziehung.

Die örtliche Zuständigkeit der Distriktsverwaltungsbehörde bestimmt sich nach der Heimat des Minderjährigen oder, wenn dieser in Bayern eine Heimat nicht besitzt, nach demjenigen Orte, an welchem die Zuständigkeit des Vormundschaftsgerichts begründet ist (Artikel 12 Abs. 2 des Zwangserziehungsgesetzes). Nach letzterer Norm ist vorläufig auch dann zu verfahren, wenn die Heimat des Minderjährigen nicht feststeht.

In München sind die auf die Zwangserziehung bezüglichen Geschäfte von den Polizeiämtern wahrzunehmen.

Ueber die Organisation und die Geschäftsführung der Polizeiämter in München s. Verordnung v. 24. Juni 1898 und M.B. v. 25. Juni 1898 (G. u. V.Bl. S. 345 ff.).

§ 22.

Um der ihnen obliegenden Aufgabe gerecht werden zu können, haben sich die Distriktsverwaltungsbehörden der Mitarbeit aller derjenigen, welche für den Schutz der verlassenen, gefährdeten und verwahrlosten Jugend Sinn und Verständnis haben, insbesondere der Geistlichen, Aerzte und Lehrer, der Mitglieder von Vereinen für Jugendschutz und Kindererziehung, zu versichern.

§ 23.

Im Benehmen mit den vorbezeichneten Personen haben die Distriktsverwaltungsbehörden thunlichst schon dann, wenn sie von den Vormundschaftsgerichten um Aeußerung über die Anordnung der Zwangserziehung angegangen werden (§ 12), — vorausgesetzt daß nach Lage der Verhältnisse die Anordnung der Zwangserziehung zu erwarten ist —, die geeigneten Einleitungen zu treffen, damit gegebenen Falls der Vollzug der gerichtlichen Anordnung unverzüglich erfolgen kann.

§ 24.

Die Distriktsverwaltungsbehörde hat vor allem darauf zu sehen, daß der Minderjährige, der Verwahrlosung entnommen, liebevoll, nach religiös-sittlichen Grundsätzen erzogen und zu tüchtiger Berufsarbeit ausgebildet wird.

§ 25.

Bei der Auswahl der Familie oder Anstalt **muß** auf das Glaubensbekenntnis des Minderjährigen Rücksicht genommen werden (Artikel 5 Abs. 2 des Zwangserziehungsgesetzes).

Wo besondere Verhältnisse es ausnahmsweise unthunlich erscheinen lassen, den Minderjährigen in einer Familie oder Anstalt seines Bekenntnisses unterzubringen, muß wenigstens die Teilnahme an dem Religionsunterrichte und an dem Gottesdienste seines Bekenntnisses sicher gestellt werden.

§ 26.

Um die seitherigen verderblichen Einflüsse auf den Minderjährigen möglichst auszuschließen, wird es sich in der Regel em-

pfehlen, denselben entfernt von dem Heimatorte und dem seitherigen Aufenthaltsorte unterzubringen.

§ 27.

Ist der Minderjährige mit einer Krankheit behaftet, so ist für seine Heilung in geeigneter Weise Sorge zu tragen; die Unterbringung darf erst erfolgen, wenn nach ärztlichem Zeugnisse kein Bedenken dagegen obwaltet.

Die durch die Heilung des Minderjährigen während der Dauer der Unterbringung entstehenden Kosten sind ebenso wie die Kosten einer Heilung vor der Unterbringung zwecks deren Ermöglichung als Kosten der Zwangserziehung zu betrachten und nach Art. 8 ff. des Gesetzes zu behandeln; das Gleiche gilt, wenn die Kosten vor oder während einer vorläufigen Unterbringung entstanden sind (Art. 8 Abs. 4).

Erkrankt der Minderjährige während der Dauer der Zwangserziehung, so kann die vorläufige Entlassung eintreten (vergl. Bem. 6 zu Art. 6), es kann aber auch unter Aufrechterhaltung der Zwangserziehung die zeitweilige Ueberführung in einen anderen Ort, z. B. in ein Krankenhaus, ein Genesungsheim u. s. w. angeordnet werden. Inwieweit in Krankheitsfällen Pflege und ärztliche Hilfe von der Familie oder von der Anstalt selbst zu gewähren sind, ist in den mit dem Haushaltungs- oder Anstaltsvorstand abzuschließenden Verträgen des Näheren festzusetzen (vergl. §§ 34 u. 37).

§ 28.

Die Entscheidung über die Art der Unterbringung ist nach sorgfältigster Erwägung aller in Betracht kommenden Verhältnisse zu treffen.

Die Unterbringung hat zunächst in Familien zu geschehen und nur, wo dies durchaus unthunlich ist, in Anstalten.

§ 29.

Der Beschluß der Distriktsverwaltungsbehörde ist der Heimatgemeinde zuzustellen. Gegen denselben findet Beschwerde im Verwaltungsverfahren statt.

Vergl. Bem. 1 zu Art. 5 des Gesetzes.

§ 30.

Die Verbringung der Minderjährigen in die Familien oder Anstalten haben die Distriktsverwaltungsbehörden durch geeignete Personen, je nach Umständen durch Frauen, ausführen zu lassen.

Im Falle der Flucht hat die Zurückführung nötigen Falls mittels polizeilichen Zwanges zu geschehen.

b) Unterbringung in Familien.

§ 31.

Bei Auswahl der Familien ist darauf zu sehen, daß dieselben durch Unbescholtenheit für eine religiös-sittliche Erziehung Gewähr bieten, ein einen eigenen Haushalt sicherndes Einkommen, eine geordnete Haushaltung und eine gesunde, geräumige Wohnung haben.

Familien in weniger dicht bewohnten Orten, sowie Familien, welche die Minderjährigen mit Land- und Gartenwirtschaft beschäftigen, sind besonders zu bevorzugen.

Die zur Unterbringung zu wählende Familie muß sich nicht notwendig im Bezirke der mit der Durchführung der Zwangserziehung betrauten Distriktsverwaltungsbehörde befinden (vergl. §§ 26 u. 33). Auch eine Unterbringung außerhalb Bayerns ist, wenn die Verhältnisse günstig gelagert sind und die Möglichkeit geeigneter Ueberwachung besteht, nicht ausgeschlossen.

§ 32.

Die mittelbaren Gemeindebehörden haben zur Ausfindigmachung geeigneter Familien mitzuwirken. Erklärt sich eine Familie bereit, Minderjährige zur Zwangserziehung aufzunehmen, so hat die Gemeindebehörde über die Verhältnisse der Familie mit Benützung des in der Anlage 1 enthaltenen Fragebogens dem Bezirksamte zu berichten. Der Bericht ist vor der Vorlage dem Pfarramte, der Ortsschulbehörde und dem Gemeindewaisenrate zur etwaigen Erinnerung mitzuteilen.

In entsprechender Weise haben sich die unmittelbaren Stadtmagistrate, in München die Polizeiämter durch ihre Organe Aufschluß zu verschaffen.

§ 33.

Soweit veranlaßt, haben sich die Distriktsverwaltungsbehörden über die in ihren Bezirken ansässigen, zur Unterbringung von Minderjährigen geeigneten Familien gegenseitig Mitteilung zu machen.

§ 34.

Mit dem Familienhaupte ist im einzelnen Falle ein schriftlicher Vertrag abzuschließen, worin sich dasselbe gegen eine festzusetzende

Pauschvergütung verpflichtet, den Minderjährigen für die Dauer der Unterbringung in die Familie aufzunehmen, ihn in religiös-sittlichem Geiste zu erziehen, zum regelmäßigen Besuche des Gottesdienstes und zur gehörigen Erfüllung der Schulpflicht, sowie zur Ordnung, Reinlichkeit und Arbeitsamkeit anzuhalten, ihm eine angemessene Unterkunft mit besonderem Bett, gesunde ausreichende Kost, eine den Verhältnissen angemessene reinliche Kleidung, in Krankheitsfällen Pflege und ärztliche Hilfe zu gewähren, ihn zu den für sein Alter und Geschlecht passenden häuslichen und ländlichen Arbeiten anzuleiten und zu verwenden, soweit dies ohne Beeinträchtigung der Gesundheit und des Schulunterrichtes geschehen kann.

Für die Verwendung des Minderjährigen zu gewerblichen Zwecken ist besondere Genehmigung der Distriktsverwaltungsbehörde vorzubehalten.

1. Der Vertrag über die Unterbringung des Minderjährigen ist ein bürgerlichrechtlicher Vertrag zwecks Durchführung einer polizeilichen Maßregel. Vertragsteile sind der Staat, vertreten durch die Distriktsverwaltungsbehörde, und der Haushaltungsvorstand. Die Heimatgemeinde ist, obwohl sie für die Kosten aufzukommen hat, nicht Vertragsteil. Die Wahrnehmung der Rechte des Staats auch im Prozeßwege wird die Distriktsverwaltungsbehörde nach der ganzen Stellung, die sie hier einnimmt, obliegen.

2. Es wird zweckmäßig sein, in den Verträgen eine bestimmte Kündigungsfrist festzusetzen und auch die Möglichkeit einer außerordentlichen Kündigung — z. B. bei Nichteinhaltung des Vertrags — zu bestimmen.

3. Nach dem Sinne des § 34 soll die zu gewährende Vergütung regelmäßig eine Pauschalvergütung sein und eine Berechnung aller einzelnen für den Minderjährigen aufgewendeten Kosten soll nicht stattfinden.

§ 35.

Jede Unterbringung in einer Familie ist außer dem Vormundschaftsgericht und dem Gemeindewaisenrate (Artikel 7 des Zwangserziehungsgesetzes) auch dem zuständigen Geistlichen (§ 11 Abs. 1) und bei schulpflichtigen Kindern der Schulbehörde mitzuteilen.

c) Unterbringung in Anstalten.

§ 36.

Für die Anstaltserziehung sind diejenigen Anstalten zu benützen, welche vom K. Staatsministerium des Innern im Benehmen mit den K. Staatsministerien der Justiz und des Innern für Kirchen- und Schulangelegenheiten als hierzu geeignet erklärt sind.

Bis auf weiteres können Minderjährige in denjenigen Anstalten, welche in der Anlage 2 aufgeführt sind, unter den dort angegebenen Bedingungen untergebracht werden.

Beantragt eine in das Verzeichnis nicht aufgenommene Anstalt die Ueberweisung von Minderjährigen zur Zwangserziehung, so hat die zuständige K. Regierung, Kammer des Innern, den Antrag mit Benützung des in der Anlage 3 enthaltenen Fragebogens zu instruieren und dem K. Staatsministerium des Innern mit Gutachten vorzulegen.

Wo sich beim Gesetzesvollzug ein Mangel an Erziehungs- und Besserungsanstalten bemerkbar macht, ist auf die Gründung gemeindlicher Anstalten, namentlich in den größeren Städten, beziehungsweise distriktiver oder Kreisanstalten hinzuwirken.

Eine Unterbringung in anderen, als den für geeignet erklärten Anstalten, insbesondere in außerbayerischen Anstalten ist unzulässig. Ueber den Kostenersatz im Fall einer unzulässigen Unterbringung vergl. § 54.

Ist es nicht möglich, den Minderjährigen in einer Familie oder in einer der für geeignet erklärten Anstalten unterzubringen, so wird die Distriktsverwaltungsbehörde an die vorgesetzten Stellen zu berichten und die Genehmigung des Ministeriums zur Benützung einer anderen Anstalt einzuholen haben.

§ 37.

Mit dem Anstaltsvorstand ist im einzelnen Falle ein schriftlicher Vertrag abzuschließen, welcher die beiderseitigen Rechte und Pflichten bestimmt.

Der Vorstand ist insbesondere zu verpflichten über die Führung und die Fortschritte des Minderjährigen, sowie über dessen Gesundheitszustand mindestens einmal jährlich der Distriktsverwaltungsbehörde zu berichten.

Dem Vorstand ist eine Abschrift des die Zwangserziehung anordnenden Beschlusses zuzustellen.

Zu Abs. 1 vergl. die Bemerkungen zu § 34.

d) Unterbringung in Dienst- oder Lehrstellen.

§ 38.

Bei Ablauf des schulpflichtigen Alters ist rechtzeitig für eine den Fähigkeiten und Verhältnissen des Minderjährigen, thunlichst auch seinen Neigungen entsprechende Dienst- oder Lehrstelle zu sorgen. Auf die Unterbringung finden die §§ 31—35 entsprechende Anwendung.

Beim Abschluß von Lehrverträgen ist die tüchtige Ausbildung im Handwerk innerhalb einer bestimmten Zeit sicherzustellen. Im übrigen sind die §§ 126—132 a der Gewerbeordnung (Reichsgesetzblatt 1900 S. 950) zu beachten.

Der Dienst- oder Lehrvertrag ist nicht vom Vorstande der Familie oder der Anstalt, sondern von der Distriktsverwaltungsbehörde namens des Staates mit den Lehrherrn abzuschließen, sofern nicht etwa, was zweckmäßig ist, die Lehr- oder Dienstesstelle eben in der Familie genommen wird, in der die Unterbringung überhaupt erfolgt. In solchen Fällen ist der Vertrag zugleich mit dem Vertrage nach § 34 abzuschließen. Die durch § 113 B.G.B. dem Minderjährigen gegebene Möglichkeit, selbst Dienst- oder Arbeitsverträge abzuschließen, ist während der Dauer der Zwangserziehung aufgehoben, weil der gesetzliche Vertreter während dieser Zeit nicht berechtigt ist, dem Minderjährigen die erforderliche Ermächtigung zum Eintritt in Dienst oder Arbeit zu geben.

c) Ueberwachung der Zwangserziehung.

§ 39.

Der Gemeindewaisenrat hat die Erziehung und Behandlung der in Familien untergebrachten Minderjährigen, sowie die Führung derselben zu überwachen. Zu diesem Zwecke sind ihm Abschriften der über die Unterbringung der Minderjährigen abgeschlossenen Verträge auszuhändigen.

Die noch nicht schulentlassenen Minderjährigen hat der Gemeindewaisenrat von Zeit zu Zeit persönlich in der Familie aufzusuchen, sich von der Art der Unterkunft, Pflege, Erziehung und Beschäftigung, sowie im Benehmen mit dem Ortsgeistlichen und der Schulbehörde von der Regelmäßigkeit des Kirchen- und Schulbesuchs zu überzeugen, auch sich zu vergewissern, ob die vertragsmäßigen Bestimmungen erfüllt werden, und für Abstellung etwaiger Mängel zu sorgen.

Bei den in Dienst oder Lehre stehenden Minderjährigen hat der Gemeindewaisenrat insbesondere darauf zu sehen, daß der Lehr- oder Dienstvertrag gehalten wird, und sich von Zeit zu Zeit von der Führung, den Fortschritten und den Leistungen des Minderjährigen an Ort und Stelle zu überzeugen.

Der Gemeindewaisenrat wird sich namentlich hinsichtlich der Mädchen und der im Kindesalter stehenden Knaben mit Nutzen der Mitwirkung der Waisenpflegerinnen bedienen.

Die Ueberwachung der Zwangserziehung durch andere Organe, z. B. durch die Ortspolizeibehörde, anzuordnen, bleibt der Distriktsverwaltungsbehörde überlassen (vergl. Bem. 3 zu Art. 7 des Gesetzes).

§ 40.

Steht die Sorge für die Person des Minderjährigen einem Pfleger oder Vormund zu, so wird dessen Pflicht, für die Erziehung und körperliche Pflege des Minderjährigen zu sorgen, nicht durch die dem Gemeindewaisenrate nach § 39 obliegende Ueberwachungspflicht beseitigt. Es hat vielmehr auch der Pfleger oder Vormund an der Ueberwachung des Minderjährigen teilzunehmen und wahrgenommene Gebrechen dem Gemeindewaisenrate oder der Distriktsverwaltungsbehörde anzuzeigen.

Den Vormundschaftsgerichten wird anempfohlen, als Vormund und, sofern für den Minderjährigen ein Pfleger aufgestellt werden muß, als Pfleger eine Person aufzustellen, die in derselben Gemeinde wohnt, wie die Familie, bei welcher der Minderjährige untergebracht ist.

Die Bestellung eines am Orte der Unterbringung wohnenden Vormunds oder Pflegers wird in den meisten Fällen nur dann von vornherein ins Auge gefaßt werden können, wenn sich die Anordnung der Vormundschaft oder Pflegschaft erst während der Dauer der Zwangserziehung als notwendig erweist. Unzulässig ist es, einen schon früher bestellten Vormund oder Pfleger lediglich deswegen wider seinen Willen zu entlassen, weil der Mündel zur Zwangserziehung an einen anderen Ort verbracht wurde. Eine wesentliche Gefährdung des Interesses des Mündels — § 1886 B.G.B. — liegt in der etwaigen Unmöglichkeit einer genauen Ueberwachung durch den Vormund während der Zwangserziehung nicht, weil ja die Ueberwachungspflicht des Gemeindewaisenrats besteht.

Wird der Vormund oder Pfleger während des Verfahrens auf Anordnung der Zwangserziehung bestellt, so kann es sich empfehlen, von der durch § 1790 B.G.B. eröffneten Möglichkeit Gebrauch zu machen und die Entlassung für den Fall vorzubehalten, daß der Mündel nicht am Wohnsitze des Vormunds oder Pflegers untergebracht wird.

Ueber den Anstaltsvormund s. Art. 100 A.G. zum B.G.B.

§ 41.

Der Gemeindewaisenrat hat der Distriktsverwaltungsbehörde auf Erfordern Auskunft zu erteilen und auch unaufgefordert etwaige Mängel anzuzeigen.

Die Distriktsverwaltungsbehörde hat von dem Gemeindewaisenrat alljährlich mindestens einmal einen kurzen Bericht einzufordern.

§ 42.

Erhält das Vormundschaftsgericht Kenntnis von Mängeln in der Erziehung oder der körperlichen Pflege eines in Zwangserziehung genommenen Minderjährigen, so hat es hiervon der Distriktsverwaltungsbehörde Mitteilung zu machen.

Während der Dauer der Zwangserziehung entfällt die in § 26 der Vormundschaftsordnung (Just.-Min.-Bl. 1900 S. 181) dem Vormundschaftsgerichte auferlegte Verpflichtung, sich von Zeit zu Zeit über das persönliche Ergehen und das Verhalten des Mündels oder Pfleglings zu erkundigen.

Wenn auch Abs. 2 die Erholung von Erziehungsberichten für unnötig erklärt, so bleibt es dem Vormundschaftsgerichte gleichwohl unbenommen, von Zeit zu Zeit Erhebungen über das Verhalten des Minderjährigen zu pflegen.

f) Vollzug der vorläufigen Unterbringung.

§ 43.

Auf den Vollzug der vorläufigen Unterbringung finden die Bestimmungen des gegenwärtigen Abschnitts (§§ 21 ff.) entsprechende Anwendung.

V. Beendigung der Zwangserziehung.

§ 44.

Die Zwangserziehung endigt mit der Minderjährigkeit.

§ 45.

Die Zwangserziehung ist aufzuheben, wenn die Voraussetzungen der Anordnung weggefallen sind. Dies ist der Fall, wenn der Zweck der Zwangserziehung erreicht oder die Erreichung des Zwecks in anderer Weise sichergestellt ist. Die Aufhebung kann unter dem Vorbehalte des Widerrufs erfolgen; hiervon wird insbesondere dann Gebrauch zu machen sein, wenn es zweifelhaft ist, ob die die Aufhebung rechtfertigenden Verhältnisse von Dauer sind.

Die Aufhebung erfolgt durch Beschluß des Vormundschaftsgerichts von Amtswegen oder auf Antrag. Vor der Entscheidung muß der Distriktsverwaltungsbehörde Gelegenheit zur Aeußerung gegeben werden; die Distriktsverwaltungsbehörde hat den Gemeindewaisenrat und, wenn der Minderjährige in einer Anstalt untergebracht ist, den Vorstand der Anstalt zu hören. Die Bestimmungen des § 11 finden entsprechende Anwendung.

Der die Zwangserziehung aufhebende Beschluß ist vom Vormundschaftsgerichte der Distriktsverwaltungsbehörde, den Eltern des Minderjährigen, dem gesetzlichen Vertreter des Minderjährigen, welchem die Sorge für die Person zusteht, und sofern der Minderjährige das 14. Lebensjahr vollendet hat, auch dem Minderjährigen selbst zuzustellen. Von dem Eintritte der Rechtskraft ist der Distriktsverwaltungsbehörde Mitteilung zu machen.

Im Falle der Aufhebung unter Vorbehalt des Widerrufs hat sich das Vormundschaftsgericht nach Ablauf einer angemessenen Zeit davon zu überzeugen, ob nicht von dem Widerrufe Gebrauch zu machen ist. Die Erhebungen sind regelmäßig durch den Gemeindewaisenrat pflegen zu lassen; die Mitwirkung polizeilicher Organe darf hierzu nicht in Anspruch genommen werden.

Zu Abs. 3. Wie bei der Anordnung der Zwangserziehung kann die Distriktsverwaltungsbehörde auch bei der Aufhebung sich vergewissern, daß die Rechtskraft des Aufhebungsbeschlusses wirklich eingetreten sei (vergl. oben Bem. zu § 15).

§ 46.

Die Distriktsverwaltungsbehörde kann die vorläufige Entlassung des Minderjährigen aus der Zwangserziehung verfügen. Hiervon kann insbesondere auch zu dem Zwecke Gebrauch gemacht werden, um den Minderjährigen seiner eigenen Familie zu überweisen, wenn der Minderjährige durch Erziehung in einer fremden Familie oder in einer Anstalt sittlich gebessert ist und die Verhältnisse in der eigenen Familie die Gefahr der Verwahrlosung nicht mehr besorgen lassen. Die vorherige Anhörung des Vormundschaftsgerichts ist nicht erforderlich; dem Vormundschaftsgericht ist aber von der Entlassung Kenntnis zu geben.

Die Distriktsverwaltungsbehörde hat auch nach der Entlassung für geeignete Ueberwachung des Minderjährigen Sorge zu tragen. Die Ueberwachung ist regelmäßig dem Gemeindewaisenrate aufzutragen; sie darf nicht durch polizeiliche Organe ausgeübt werden.

Ergibt sich, daß die Voraussetzungen, unter denen die Entlassung erfolgt ist, nicht mehr zutreffen, oder entzieht sich der Minderjährige der angeordneten Ueberwachung, so hat die Distriktsverwaltungsbehörde die Entlassung zu widerrufen und die Unterbringung des Minderjährigen in einer Familie oder Anstalt anzuordnen. Von dem Widerrufe der Entlassung und von der Unterbringung ist dem Vormundschaftsgerichte seitens der Distriktsverwaltungsbehörde Mitteilung zu machen.

Zu Abs. 2. Die Ueberwachungspflicht des Vormunds oder Pflegers (s. § 40) und das Recht des Vormundschaftsgerichts zur Einziehung von Erkundigungen bleiben unberührt.

§ 47.

Vor Beendigung oder Aufhebung der Zwangserziehung soll die Distriktsverwaltungsbehörde thunlichst für ein gesichertes Unterkommen des Minderjährigen, entsprechend seinen persönlichen Verhältnissen und seiner Beschäftigungsweise, Sorge tragen.

Die Kosten der Vermittelung des Unterkommens werden als Kosten der Zwangserziehung zu betrachten sein (vergl. § 50).

§ 48.

Ueber das 18. Lebensjahr hinaus soll die Zwangserziehung nur in besonderen Fällen fortgesetzt werden (Artikel 6 Abs. 4 des Zwangserziehungsgesetzes).

Die Fortsetzung ist zulässig, wenn aus besonderen Gründen anzunehmen ist, daß hierdurch die Besserung des Minderjährigen erzielt wird.

Die Fortsetzung wird von der Distriktsverwaltungsbehörde nach Anhörung des Vormundschaftsgerichts verfügt. Von der Fortsetzung ist dem Vormundschaftsgerichte Mitteilung zu machen.

Erachtet die Distriktsverwaltungsbehörde die Fortsetzung nicht für geboten, so entläßt sie den Minderjährigen vorläufig aus der Zwangserziehung oder sie beantragt die Aufhebung der Zwangserziehung beim Vormundschaftsgerichte.

Eine Endigung der Zwangserziehung kraft Gesetzes erfolgt mit Erreichung des 18. Lebensjahres nicht. Solange ein Beschluß auf Aufhebung oder eine Verfügung der Distriktsverwaltungsbehörde auf vorläufige Entlassung nicht ergangen ist, bleibt der Minderjährige am Orte seiner Unterbringung.

§ 49.

Das Vormundschaftsgericht hat durch Eintrag in den Terminskalender (§ 65 der Vormundschaftsordnung, Just.-Min.-Bl. 1900 S. 181), dafür zu sorgen, daß die Prüfung der Frage, ob die Zwangserziehung nach der Vollendung des 18. Lebensjahres noch fortgesetzt werden soll, sowie die Beendigung der Zwangserziehung durch Erreichung der Volljährigkeit nicht übersehen werden.

Auch die Distriktsverwaltungsbehörde wird Wiedervorlegung der

Akten auf einen kurz vor Vollendung des 18. Lebensjahres fallenden Termin zweckmäßigerweise anordnen.

VI. Kosten der Zwangserziehung.

§ 50.

Kosten der Zwangserziehung sind die von der Distriktsverwaltungsbehörde im Vollzuge der gerichtlichen Anordnung unmittelbar veranlaßten Kosten der Unterbringung in einer Familie oder Anstalt, einschließlich der Kosten der Hin- und Rückreise, einer den Anstaltsordnungen entsprechenden Ausstattung, sowie der Vermittelung eines geeigneten Unterkommens nach Beendigung oder Aufhebung der Zwangserziehung (§ 47), wogegen die Kosten dieses Unterkommens selber nicht mehr zu den Kosten der Zwangserziehung gehören.

§ 51.

Die Kosten der Zwangserziehung eines in Bayern beheimateten Minderjährigen hat vorläufig die Heimatgemeinde zu bestreiten. Soweit die Kosten nicht durch Ersatzleistung des Minderjährigen oder eines Unterhaltspflichtigen (§ 58) gedeckt werden, kann die Heimatgemeinde den Ersatz von zwei Fünfteln seitens des Staates beanspruchen; mittelbare Gemeinden können überdies den Ersatz eines Fünftels seitens der Distriktsgemeinde beanspruchen (Artikel 8 Abs. 1—3 des Zwangserziehungsgesetzes).

In den Gemeinderechnungen sind die Kosten der Zwangserziehung bei den Ausgaben „für Erziehung und Bildung" unter gesonderter Ziffer zu verrechnen; in entsprechender Weise sind die einschlägigen Einnahmen (Rückersätze der Minderjährigen, der Unterhaltspflichtigen, des Staates, der Distriktsgemeinden) bei der Einnahme-Position „Erziehung und Bildung" zu verrechnen.

Weigert sich die Heimatgemeinde, ihre Verpflichtung zu erfüllen, so ist diese zunächst auf dem durch Art. 9 des Gesetzes vorgezeichneten Wege festzustellen. Erfolgt dann die Leistung noch nicht, so ist nach Art. 157 Abs. 5 ff. der G.O. (Art. 89 der pfälzischen G.O.) vorzugehen.

§ 52.

Die Geltendmachung der gegen die Staatskasse und die Distriktsgemeinde begründeten Ersatzansprüche geschieht ganz-, halb- oder vierteljährig mittels eines Kostenverzeichnisses, welches sämtliche während des betreffenden Zeitraumes angefallenen Ausgaben für Zwangserziehung nebst den etwaigen Rückersätzen der

Beteiligten zu enthalten hat und samt den zugehörigen Rechnungsbelegen seitens des Stadtmagistrats München bei dem zuständigen Polizeiamte, seitens der übrigen unmittelbaren Stadtmagistrate unter Beifügung der einschlägigen Akten bei der vorgesetzten K. Regierung, Kammer des Innern, seitens der mittelbaren Gemeindebehörden bei dem vorgesetzten Bezirksamt in Einlauf zu bringen ist.

Die Frage, ob der Ersatzanspruch ganz-, halbjährig oder vierteljährig geltend gemacht werden will, ist von der Gemeinde nach freiem Ermessen zu beurteilen. Zweckmäßig wird es sein, wenn die Anmeldung der Ansprüche gleichmäßig mit der Abführung der einzelnen Raten an die Familie oder Anstalt eingerichtet wird. Unbedingt notwendig ist dies jedoch nicht; die Anmeldung muß auch nicht immer regelmäßig in den gleichen Zwischenräumen erfolgen: es kann sich z. B. empfehlen, sie das eine oder andere Mal mit Rücksicht auf zu erwartende Zahlungen aus dem Vermögen des Minderjährigen oder der Unterhaltspflichtigen zu verschieben. Ueberhaupt wird der materielle Ersatzanspruch der Gemeinde durch einen Verstoß gegen die Bestimmungen des § 52 nicht beeinträchtigt, weil diese nur Ordnungsvorschriften für das Verfahren sind.

§ 53.

Die Kosten einer vorläufigen Unterbringung sind, wenn die Zwangserziehung demnächst angeordnet wird, als Kosten der Zwangserziehung anzusehen. Andernfalls sind dieselben von der Staatskasse zu tragen und, soweit sie von dem Minderjährigen oder einem Unterhaltspflichtigen, von der Heimatgemeinde oder der Distriktsgemeinde bestritten worden sind, zu ersetzen (Artikel 8 Abs. 4 des Zwangserziehungsgesetzes); in diesem Falle findet auf die Geltendmachung der Ersatzansprüche § 52 Anwendung mit der Maßgabe, daß diese Ersatzansprüche gesondert zu behandeln sind.

§ 54.

Die in § 52 bezeichneten Staatsverwaltungsbehörden prüfen die Kostenverzeichnisse an der Hand der Belege und auf Grund der Akten und setzen jeweils am 20. Januar, 20. April, 20. Juli und 20. Oktober die seitens der Staatskasse und der Distriktsgemeinden zu erstattenden Beträge vorbehaltlich der seinerzeit auf Grund der Gemeinderechnungen vorzunehmenden Nachprüfung (§ 56) fest. Die Festsetzungsbescheide müssen den auf jeden Minderjährigen treffenden Betrag ersehen lassen.

Die Prüfung bei den K. Regierungen, Kammern des Innern, hat sich auch auf die Zulässigkeit der von den unmittel-

baren Stadtmagistraten getroffenen Anordnungen, insbesondere auf die Beobachtung des § 36 Abs. 1 zu erstrecken.

Ausfertigung der Festsetzungsbescheide ist den zuständigen Rentämtern und Distriktskassen sowie unter Rückgabe der Rechnungsbelege den beteiligten Gemeindebehörden zuzustellen. Die seitens der K. Polizeiämter in München ergehenden Festsetzungsbescheide sind in Abschrift samt den Urschriften der Kostenverzeichnisse der K. Regierung von Oberbayern, Kammer des Innern, vorzulegen.

1. Wenn die Erstattungspflicht des Staates oder der Distriktsgemeinde zweifelhaft ist, so erfolgt die Festsetzung auf dem Wege des Art. 9 des Gesetzes.

2. Zu Abs. 2 vergl. Bem. 3 Abs. 2 zu Art. 9 des Gesetzes.

§ 55.

Die Rentämter sind ermächtigt, auf Grund der ihnen gemäß § 54 Abs. 3 zugehenden Bescheide die zu Lasten der Staatskasse festgesetzten Beträge ohne weitere Zahlungsanweisung nach Anfall auszubezahlen und auf Staatsfonds zu verrechnen.

Die Etatsposition, auf welche die betreffenden Ausgaben zu verrechnen sind, wird durch das Rechnungsschema für die XXVI. Finanzperiode bekannt gegeben werden.

§ 56.

Sämtliche Kostenverzeichnisse eines Kalenderjahres sind gelegentlich der Revision der Gemeinderechnungen bei den K. Regierungen, Kammern des Innern, beziehungsweise bei den Bezirksämtern einer Nachprüfung in der Richtung zu unterstellen, ob die verrechneten Ausgaben auch in den Gemeinderechnungen gehörig vorgetragen und ob alle in letzteren verrechneten Rückersätze auch in den Kostenverzeichnissen entsprechend in Abzug gebracht worden sind.

Das Ergebnis der Nachprüfung ist aktenkundig zu machen.

§ 57.

Die Kosten für Zwangserziehung derjenigen Minderjährigen, welche in Bayern keine Heimat besitzen, sind nach Analogie der Ziff. 8 der Ministerialentschließung vom 28. Dezember 1899, den Vollzug des Gesetzes über Heimat, Verehelichung und Aufenthalt betr. (Min.-Amtsbl. S. 803), zu behandeln, jedoch in den bezüglichen Nachweisungen ausgeschieden vorzutragen. Die

Behandlung obliegt der zur Durchführung der Zwangserziehung berufenen Distriktsverwaltungsbehörde; eine Mitwirkung des Armenpflegschaftsrats findet nicht statt.

§ 58.

Die Einrichtung der Zwangserziehung als einer Erziehung auf öffentliche Kosten darf nicht dazu führen, daß denjenigen, welcher zunächst für die Erziehung der Jugend verantwortlich sind, das Gefühl der Verantwortlichkeit gemindert oder sogar ein Antrieb gegeben wird, der Verwilderung der Jugend freien Lauf zu lassen, um sodann die Erziehung der Kinder auf Kosten der Gesamtheit herbeizuführen.

Die Geltendmachung der in Artikel 8 Abs. 2 des Zwangserziehungsgesetzes begründeten Ersatzverbindlichkeiten erscheint besonders geeignet, den Beteiligten das Gefühl der Verantwortlichkeit zu erhalten. Die Distriktsverwaltungsbehörde hat deshalb in jedem Falle festzustellen:

1. ob der Minderjährige selbst ein Vermögen besitzt oder zu erhoffen hat, welches ihm unbeschadet der Sicherstellung des Lebensunterhaltes die Ersatzleistung ermöglicht;

2. ob andere unterhaltspflichtige Personen (§§ 1601ff., insbesondere § 1603 des B.G.B.) vorhanden sind.

Je nach Umständen ist in angemessenen Zeiträumen wiederholt Erhebung zu pflegen.

Die Rückforderung der Kosten von den Unterhaltspflichtigen ist mit aller Strenge zu betreiben; wo nicht vollständiger Ersatz möglich ist, ist wenigstens teilweiser Ersatz zu betreiben.

Gegenüber den Eltern und Großeltern sowie gegen den unehelichen Vater, der seine Vaterschaft nach § 1718 des B.G.B. anerkannt hat oder dessen Unterhaltspflicht in einem vollstreckbaren Titel festgestellt ist, kann zu dem fraglichen Zwecke auch im Wege des Artikel 10 des Zwangserziehungsgesetzes vorgegangen werden. Im übrigen gehören Streitigkeiten über die Ersatzpflicht des Minderjährigen und seiner unterhaltspflichtigen Verwandten zur Zuständigkeit der bürgerlichen Gerichte.

Soweit den Einnahmen einer Gemeinde aus Rückersätzen in einem Kalenderjahre nicht Ausgaben für Zwecke der Zwangserziehung in gleicher Höhe gegenüberstehen, sind hierüber Einnahmeverzeichnisse zu fertigen; auf die Vorlage, Prüfung und Festsetzung dieser Verzeichnisse finden die §§ 52ff. entsprechende Anwendung.

Zu Abs. 2. Die Distriktsverwaltungsbehörde wird, um sich von der Möglichkeit eines Ersatzanspruchs und eines Vorgehens nach Art. 10 des Gesetzes zu überzeugen, zweckmäßigerweise die bei dem Vormundschaftsgerichte etwa vorhandenen Akten über eine Vormundschaft oder Pflegschaft erholen, insbesondere dann, wenn es sich um uneheliche Kinder handelt. Im übrigen werden Erhebungen — z. B. über das Vermögen der Eltern — durch Vermittelung der Gemeindebehörden zu pflegen sein.

VII. Schlußbestimmungen.

§ 59.

Nach Artikel 12 Abs. 3 des Zwangserziehungsgesetzes kommen für die Verhandlungen in Angelegenheiten der Zwangserziehung Gebühren und Porti nicht in Ansatz.

Als portofrei ist hiernach der Schriftwechsel der Behörden, einschließlich der Versendung der Akten, zu behandeln. Insoweit gemäß § 11 der Allerhöchsten Verordnung vom 23. Juni 1829, die Postportofreiheit in Amtssachen betreffend (Reg.-Bl. S. 521), auch eine portofreie Versendung von Geldern stattfindet, behält es hierbei sein Bewenden.

Bei allen portofreien Sendungen sind die in der vorstehend angeführten Verordnung vorgeschriebenen Förmlichkeiten zu beachten.

Hinsichtlich der Portobehandlung des Verkehrs mit den Gemeindewaisenräten ist die Bekanntmachung vom 31. März 1902 (Just.-Min.-Bl. S. 524) maßgebend.

§ 60.

Hinsichtlich der Unterbringung jugendlicher Personen auf Grund des § 56 des St.G.B. ist im allgemeinen die Ministerialentschließung vom 31. Dezember 1871 (Just.-Min.-Bl. 1872 S. 16) maßgebend. Nach den inzwischen erfolgten Änderungen der Ziffer VI dieser Entschließung sind zur Unterbringung nunmehr folgende Anstalten bestimmt:

1. Für Knaben aller Konfessionen: K. Staatserziehungsanstalt Speyer.

Ausgenommen sind katholische Knaben aus Oberbayern, Niederbayern, Oberpfalz und Schwaben; für diese ist die St. Nikolauspflege in Andechs, Bezirksamts München II, bestimmt.

2. Für Mädchen

a) aus dem rechtsrheinischen Bayern, und zwar

für katholische: Rettungshaus Ettmannsdorf, Bezirksamts Burglengenfeld;

für protestantische: Diakonissenanstalt Neuendettelsau, Bezirksamts Ansbach;

b) aus der Pfalz, und zwar

für katholische: Armenkinderhaus Frankenthal; sittlich unverdorbene Mädchen können auch in das Waisenhaus Landstuhl, Bezirksamts Homburg, verbracht werden;

für protestantische: Rettungshaus Hasloch, Bezirksamt Neustadt a./H.

Ziff. VIII der angeführten Entschließung ist durch Entschließung vom 27. Januar 1898 dahin abgeändert, daß die bezüglichen Anzeigen jeweils nach Schluß eines Jahres zu erstatten sind, und hierbei neben dem Bevölkerungsstand am Jahresschluß auch der durchschnittliche Bevölkerungsstand im abgelaufenen Jahre anzugeben ist. Zu Ziff. X ist die Ministerialentschließung vom 25. Mai 1893, Ministerialamtsblatt S. 135, zu vergleichen.

Hinsichtlich der Unterbringung von Minderjährigen auf Grund des § 362 Abs. 3 Satz 2 des Strafgesetzbuches ist die Ministerialbekanntmachung vom 5. April 1901, Ministerialamtsblatt S. 169, maßgebend.

§ 61.

Die Distriktsverwaltungsbehörden haben Sorge zu tragen, daß die Bestimmungen des Zwangserziehungsgesetzes den weitesten Kreisen der Bevölkerung, insbesondere den Geistlichen, Aerzten, Lehrern und sonstigen Leitern der Jugend, den Vereinen für Jugendschutz und Kindererziehung bekannt gemacht werden.

München, den 28. Juni 1902.

Dr. **Frhr. v. Riedel.** Dr. **Frhr. v. Feilitzsch.** Dr. **Frhr. v. Leonrod.** Dr. **v. Landmann.**

Anlage 1.
(Zu § 32 der Ausführungsbestimmungen.)

Bericht,

betreffend die Unterbringung von Minderjährigen in der Familie de... in....................................
zum Zwecke der Zwangserziehung.

I. Bezeichnung der sich ständig in der Familie aufhaltenden Personen (Familienvorstand, Ehefrau, Kinder, sonstige Verwandte, Lohnarbeiter, Aftermieter, Schlafgänger, Kostkinder).

Vor- und Zunamen	Verwandtschaftsverhältnis oder sonstige Stellung zum Familienvorstand	Geburtszeit	Glaubensbekenntnis
....	Familienvorstand	....	....
....	....	....	....
....	....	....	....
....	....	....	....
....	....	....	....
....	....	....	....
....	....	....	....
....	....	....	....

II. Welchen Ruf genießt die Familie? Wie sind die Kinder erzogen? Sind die Eheleute oder die Kinder schon bestraft worden?	....
III. Sind die Familienangehörigen gesund? Befindet sich kein dauernd leidendes, geisteskrankes oder schwachsinniges Mitglied zu Hause? Waren in letzter Zeit keine ansteckenden Krankheiten in der Familie? Sind in der Familie Todesfälle von eigenen oder fremden Kindern vorgekommen?	....

IV. Ist die Haushaltung geordnet?	....
Haben die Eheleute ein gesichertes Auskommen?	....
Welches Vermögen haben sie?	....
Grundbesitz:	....
Viehstand:	....
Welchen Beruf betreibt der Mann?	....
Werden auch die Frau und die Kinder mit Berufsarbeiten beschäftigt?	....
Hat die Familie schon Armenunterstützungen bezogen?	....
V. Ist die Wohnung gesund und geräumig?	....
Wieviel bewohnbare Räume sind vorhanden?	....
Sind getrennte Schlafräume für Knaben und Mädchen vorhanden?	....
VI. Ist nach all dem anzunehmen, daß in der Familie Minderjährige zur Zwangserziehung unbedenklich untergebracht werden können?	....
VII. Was ist sonst zu bemerken?	....

........................, am .... 19......

....

(Unterfertigung der Gemeindebehörde, des Distriktsvorstehers, Bezirkskommissärs 2c.)

Zum Zeichen des Einverständnisses unterzeichnen:

Pfarramt ....

Ortsschulbehörde ....

Gemeindewaisenrat ....

Anlage 2.
(Zu § 36 Abs. 2
der Ausführungsbestimmungen.)

Verzeichnis

der Erziehungs- und Besserungsanstalten, in welchen Minderjährige zur Zwangserziehung untergebracht werden können.[1])

Vorbemerkung. Die mit einem Sternchen bezeichneten Anstalten können auch in dem Falle benützt werden, wenn die Zwangserziehung ohne Inanspruchnahme öffentlicher Mittel angeordnet wird (§ 5 Abs. 2 der Ausführungsbestimmungen).

I. Regierungsbezirk Oberbayern.

Stadtbezirk Freising.

*1. **Katholisches Waisenhaus Freising,** der Stadtgemeinde Freising gehörig, verwaltet vom Stadtmagistrat; Erziehungspersonal: Arme Schulschwestern de Notre Dame.

Aufgenommen werden Kinder vom 3. bis zum 14. Lebensjahre, welche körperlich normal und unverdorben sind; zunächst in Freising beheimatete Waisen und in der Regel nur katholische Mädchen.

Pflegegeld jährlich 180 Mk. für Knaben, 168 Mk. für Mädchen, vierteljährlich oder monatlich vorauszahlbar; Kleidung ist mitzubringen. In Freising Heimatberechtigte werden unentgeltlich verpflegt, soweit Stiftungsmittel reichen.

Die Kinder besuchen die Volksschule; die Anstalt sorgt für ein Unterkommen bei der Entlassung.

Stadtbezirk München.

*2. **Mädchenerziehungsanstalt St. Anna in München,** dem Kleinkinderbewahranstalts-Verein St. Anna gehörig, verwaltet vom Pfarrer zu St. Anna; Erziehungspersonal: Niederbronner Schwestern.

Aufgenommen werden katholische Mädchen vom 6. bis zum 16. Lebensjahre, welche geistig normal, körperlich gebrechenfrei, moralisch gut, unbestraft sind; zunächst eheliche.

Pflegegeld jährlich 168 Mk. in beliebigen Raten.

Die Mädchen besuchen die Volksschule; die Anstalt sorgt thunlichst für ein Unterkommen bei der Entlassung und bleibt mit den Entlassenen in Verbindung.

---

[1]) Die Anstalten sind nach den Bezirken der Anstaltsorte geordnet. Für den Kreis der unterzubringenden Minderjährigen ist die Angabe der Bezirke nicht von Belang, sofern nicht bei der einzelnen Anstalt eine gewisse Heimatzugehörigkeit als Aufnahmebedingung bezeichnet ist.

Wo eine unentgeltliche Unterbringung stattfindet, kommt dieselbe nicht für die Zwangserziehung, sondern — gemäß § 3 Abs. 1 der Ausführungsbestimmungen — anstatt der Zwangserziehung in Frage. Hier sind zu nennen: das „Städtische Waisenhaus München", das „Städtische Kinderasyl München", das „St. Franciscushaus Altötting", die „Marienanstalt Bamberg", das „Evangelische Waisenhaus in Augsburg".

*3. **Evangelisches Waisenhaus München**, dem Evangelischen Waisenhausverein gehörig, verwaltet vom Ausschusse des Vereins; Erziehungspersonal für die Knaben: Hauseltern, für die Mädchen: 2 Diakonissinnen.

Aufgenommen werden evangelische Kinder vom 6. bis zum 13. Lebensjahre, welche gesund, unbestraft, nicht geradezu verwahrlost sind.

Pflegegeld jährlich 180 Mk. in beliebigen Raten.

Die Kinder besuchen die Volksschule; die Anstalt sorgt bei den Mädchen für ein Unterkommen bei der Entlassung.

Amtsbezirk Erding.

4. **Erziehungsanstalt für arme Mädchen in Moosen**, mit 9,954 ha Grundbesitz, dem Orden der Armen Schulschwestern (Mutterhaus München) gehörig, verwaltet von der Oberin in Moosen; Erziehungspersonal: Mitglieder des Ordens.

Aufgenommen werden katholische Mädchen vom 5. bis zum 16. Lebensjahre, welche frei von Anstoß erregenden oder besondere Ueberwachung bedingenden körperlichen Gebrechen sind und keine strafbare Handlung begangen haben; bei Gefährdung der Mitzöglinge Entlassung vorbehalten.

Pflegegeld jährlich 168 Mk. in vierteljährigen Raten; 60 Mk. für die erste Ausstattung; Arzt- und Apothekerkosten bei längeren Erkrankungen.

In der Anstalt besteht eine Volksschule; die Anstalt sorgt thunlichst für ein Unterkommen bei der Entlassung und bleibt mit den Entlassenen in Verbindung.

Amtsbezirk Ingolstadt.

*5. **Waisenanstalt Gaimersheim**, dem St. Johanniszweigverein Ingolstadt gehörig, verwaltet vom Pfarrer in Gaimersheim; Erziehungspersonal: Arme Schulschwestern de Notre Dame vom Angerkloster München.

Aufgenommen werden katholische Mädchen vom 2. bis zum 14., unter Umständen auch bis zum 16. und 18. Lebensjahre, welche keine das Zusammenleben beträchtlich störenden körperlichen Gebrechen haben und sittlich unverdorben sind. Im Distrikt Ingolstadt Heimatberechtigte haben den Vorzug.

Pflegegeld jährlich 120 Mk., für die im Distrikt Ingolstadt Heimatberechtigten 110 Mk. Die Auswärtigen haben ihr Bett und die bisherige Kleidung und Wäsche mitzubringen.

Die Mädchen besuchen die Volksschule; die Anstalt sorgt thunlichst für ein Unterkommen bei der Entlassung und bleibt mit den Entlassenen in Verbindung.

Amtsbezirk München II.

*6. **St. Nikolausanstalt in Andechs**, dem Benediktinerstift St. Bonifaz in München gehörig, Verwaltung in Andechs b. Erling; Erziehungspersonal; Mitglieder des Konventes Andechs.

Aufgenommen werden katholische Knaben vom 6. bis zum 16.

bezw. 18. Lebensjahre, welche gesund und von ekelerregenden oder ansteckenden Gebrechen frei sind.

Pflegegeld jährlich 156 Mk. für Knaben bis zum 13. Lebensjahre, 200 Mk. für Aeltere, in vierteljährigen Raten; 25 Mk. für die erste Ausstattung.

Es besteht eine Volksschule, zweiteilige Werktagsschule und eine Feiertagsschule.

Amtsbezirk Pfaffenhofen.

7. **Knabenrettungsanstalt Eschelbach,** mit 13,775 ha Grundbesitz, dem St. Johannis-Zweigverein Eschelbach gehörig, verwaltet vom Pfarrer in Eschelbach; Erziehungspersonal: 6 Niederbronner Schwestern.

Aufgenommen werden katholische Knaben aus Oberbayern vom 4. bis zum 10. Lebensjahre, welche geistig und körperlich normal entwickelt sind; Verbleib bis zum vollendeten 14. Lebensjahre.

Pflegegeld jährlich 200 Mk. in halbjährigen Raten.

Die Knaben besuchen die Volksschule; die Anstalt sorgt thunlichst für ein Unterkommen bei der Entlassung und bleibt mit den Entlassenen in Verbindung.

8. **Waisenanstalt für arme Mädchen in Geisenfeld,** mit 5,353 ha Grundbesitz, dem Orden der Armen Schulschwestern (Mutterhaus München) gehörig, verwaltet von der Oberin in Geisenfeld; Erziehungspersonal: Mitglieder des Ordens.

Aufgenommen werden katholische Mädchen vom 5. bis zum 15. Lebensjahre, welche frei von Anstoß erregenden oder besondere Ueberwachung bedingenden körperlichen Gebrechen sind und keine strafbare Handlung begangen haben; bei Gefährdung der Mitzöglinge Entlassung vorbehalten.

Pflegegeld jährlich 168 Mk. in vierteljährigen Raten; 60 Mk. für die erste Ausstattung; Arzt- und Apothekerkosten bei längeren Erkrankungen.

Die Kinder besuchen die Volksschule; die Anstalt sorgt thunlichst für ein Unterkommen bei der Entlassung und bleibt mit den Entlassenen in Verbindung.

II. Regierungsbezirk Niederbayern.

Stadtbezirk Landshut.

*9. **Marienanstalt in Landshut,** dem Marienverein e. V. gehörig, verwaltet vom Vereinsvorstand; Erziehungspersonal: Barmherzige Schwestern.

Aufgenommen werden katholische Mädchen vom 5. bis zum 7. Lebensjahre, welche von guter Gesundheit und sittlich unverdorben sind und der Zwangserziehung nach Artikel 1 Ziff. 1 des Gesetzes überwiesen werden; zunächst niederbayerische Kreisangehörige.

Pflegegeld jährlich 120 Mk., vierteljährig vorauszahlbar; erwünscht Mitbringung von Leibwäsche und Schuhwerk.

Die Mädchen besuchen die Volks- bezw. Feiertagsschule; die Anstalt sorgt thunlichst für ein Unterkommen bei der Entlassung und bleibt mit den Entlassenen in Verbindung.

Stadtbezirk Straubing.

*10. **Distriktskinderhaus Straubing,** der Distriktsgemeinde Straubing gehörig, verwaltet vom Distriktsausschusse bezw. Bezirksamte Straubing; Erziehungspersonal: Arme Franziskanerinnen von Mallersdorf.

Aufgenommen werden katholische Kinder vom 5. bis zum 13. Lebensjahre, welche gesund, ohne körperliche Gebrechen, unbestraft, unverdorben, nicht bösartig sind.

Pflegegeld jährlich 120 Mk., für Heimatberechtigte des Bezirks Straubing 80 Mk. am Jahresschluß; 25—30 Mk. für die erste Ausstattung.

Die Kinder besuchen die Volksschule; die Anstalt sorgt thunlichst für ein Unterkommen bei der Entlassung.

Amtsbezirk Dingolfing.

11. **Erziehungsanstalt für arme Mädchen in Poxau,** mit 3,706 ha Grundbesitz, den Orden der Armen Schulschwestern (Mutterhaus München) gehörig, verwaltet von der Oberin in Poxau; Erziehungspersonal: Mitglieder des Ordens.

Aufgenommen werden katholische Mädchen vom 5. bis zum 16. Lebensjahre, welche frei von Anstoß erregenden oder besondere Ueberwachung bedingenden körperlichen Gebrechen sind und keine strafbare Handlung begangen haben; bei Gefährdung der Mitzöglinge Entlassung vorbehalten.

Pflegegeld jährlich 168 Mk. in vierteljährigen Raten; 60 M. für die erste Ausstattung; Arzt- und Apothekerkosten bei längeren Erkrankungen.

In der Anstalt besteht eine Volksschule; die Anstalt sorgt thunlichst für ein Unterkommen bei der Entlassung und bleibt mit den Entlassenen in Verbindung.

Amtsbezirk Pfarrkirchen.

*12. **St. Josephsanstalt in Pfarrkirchen**, der Stadtgemeinde Pfarrkirchen gehörig, verwaltet vom Stadtmagistrat; Erziehungspersonal: Englische Fräulein.

Aufgenommen werden — im allgemeinen nur katholische — Kinder vom 2. bis zum 13. Lebensjahre, welche geistig und körperlich gesund, unbescholten und nicht geradezu verwahrlost sind.

Pflegegeld jährlich 126 Mk., für Kinder vermöglicher Eltern 150 Mk., in vierteljährigen Raten; erste Ausstattung ist mitzubringen.

Die Kinder besuchen die Volksschule; die Anstalt sorgt thunlichst für ein Unterkommen bei der Entlassung.

Amtsbezirk Rottenburg.

*13. **S. Josephianstalt zur Erziehung verwahrloster Knaben in Heiligenbrunn,** mit ungefähr 11 ha Grundbesitz, den S. Josephiverein Heiligenbrunn gehörig, verwaltet vom Ausschusse des Vereins; Erziehungspersonal: Arme Franziskanerinnen in Mallersdorf.

Aufgenommen werden katholische Knaben vom 6. bis zum 13. Lebensjahre, welche frei von ansteckenden oder ekelhaften Krankheiten, Krüppelhaftigkeit, Blödsinn, unsittlichen Vergehen und Neigung zur Brandstiftung sind: Entlassung bei Unduldbarkeit vorbehalten

Pflegegeld jährlich 150 M. in ganz- oder halbjährigen Raten; für die erste Ausstattung 40 Mk.; für Kleidung, Lehrmittel, Schulgeld jährlich 20–30 M.

Die Anstalt besorgt den Unterricht; sie sorgt thunlichst für ein Unterkommen bei der Entlassung.

III. Regierungsbezirk Pfalz.

Amtsbezirk Frankenthal.

*14. **Katholisches Armenkinderhaus in Frankenthal**, dem Kloster der Armen Franziskanerinnen in Mallersdorf gehörig, verwaltet vom kath. Pfarrer in Frankenthal; Erziehungspersonal: Arme Franziskanerinnen.

Aufgenommen werden katholische Mädchen vom 6. bis zum 18. Lebensjahre.

Pflegegeld jährlich 120 M. in vierteljährigen Raten; nach beendigter Werktagsschulpflicht 25 M. jährlicher Kleidungsbeitrag; 25 Mk. für die erste Ausstattung.

Die Anstalt besorgt den Unterricht; sie sorgt thunlichst für ein Unterkommen bei der Entlassung und bleibt mit den Entlassenen in Verbindung.

Amtsbezirk Homburg.

15. **Diözesanwaisenhaus Landstuhl**, mit ungefähr 20 ha Grundbesitz, dem kathol. St. Nikolausverein der Pfalz gehörig, verwaltet von einem Verwaltungsrat (Vorsitzender der Domprobst in Speyer); Erziehungspersonal: Schwestern der Genossenschaft vom armen Kinde Jesu.

Aufgenommen werden katholische Mädchen vom 3. bis zum 18. Lebensjahre, ausnahmsweise auch katholische Knaben vom 3. bis zum 13. Lebensjahre; ausgeschlossen sind Kinder, deren sittliche Verdorbenheit die Mitzöglinge gefährden würde; bei der Anmeldung sind der Anstaltsleitung die Verhältnisse, welche die Zwangserziehung begründen, mitzuteilen.

Pflegegeld jährlich 104 Mk., für arme Gemeinden Ermäßigung; 20 M. für die erste Ausstattung.

In der Anstalt besteht eine Volksschule; die Anstalt sorgt für ein Unterkommen bei der Entlassung und bleibt mit den Entlassenen in Verbindung.

Amtsbezirk Landau.

*16. **Armen- und Krankenhaus Herxheim**, mit 3,422 ha Grundbesitz, der Gemeinde Herxheim gehörig, verwaltet von einer durch den Gemeinderat gewählten Kommission; Erziehungspersonal: 6 Schwestern vom Orden des Allerh. Erlösers. Die Erziehungsanstalt befindet sich in einem von der Kranken- und Pfründeanstalt getrennten Gebäude.

Aufgenommen werden katholische Kinder vom 3. bis zum 13. Lebensjahre, welche in Herxheim beheimatet sind.

Pflegegeld jährlich 156 Mk., in vierteljährigen Raten; 36 Mk. für die erste Ausstattung.

Die Kinder besuchen die Volksschule; die Anstalt sorgt thunlichst für ein Unterkommen bei der Entlassung und bleibt mit den Entlassenen in Verbindung.

Amtsbezirk Pirmasens.

***17. Katholisches Armenkinderhaus in Pirmasens,** mit 30,997 ha Grundbesitz, verwaltet vom kath. Pfarrer in Pirmasens und der Oberin des Armenkinderhauses; Erziehungspersonal: 3 geprüfte Lehrerinnen und 7 Arme Franziskanerinnen von Mallersdorf.

Aufgenommen werden katholische Kinder vom 1. bis zum 13. Lebensjahre, welche geistig und körperlich normal, mit keiner ansteckenden oder ekelerregenden Krankheit behaftet sind.

Pflegegeld jährlich 120 Mk. in vierteljährigen Raten; 20 Mk. für die erste Ausstattung.

Die Anstalt besorgt den Unterricht; sie sorgt für ein Unterkommen bei der Entlassung und bleibt mit den Entlassenen in Verbindung.

***18. Protestantisches Waisenhaus Pirmasens,** mit 2,999 ha Grundbesitz, dem Prot. St. Johannisverein Pirmasens gehörig, verwaltet vom engeren Ausschusse des Vereins; Erziehungspersonal: Speyerer Diakonissen.

Aufgenommen werden Kinder aller protestantischen Denominationen vom 2. bis zum 14. Lebensjahre, zunächst aus Stadt und Bezirk Pirmasens; Mädchen können länger in der Anstalt verweilen. Entscheidung der Verwaltung im einzelnen Falle vorbehalten.

Pflegegeld jährlich 180 Mk. in vierteljährigen Raten, in besonderen Fällen Ermäßigung; außerordentliche Kur- und Arzneikosten; 25—30 Mk., je nach dem Alter, für die erste Ausstattung.

Die Kinder besuchen die Volksschule; die Anstalt sorgt thunlichst für ein Unterkommen bei der Entlassung und bleibt mit den Entlassenen in Verbindung.

Amtsbezirk Speyer.

***19. Katholisches Schwesternhaus Speyer,** dem St. Vincentiusverein Speyer e. V. gehörig, verwaltet vom Dompfarrer mit dem Vereinsvorstande; Erziehungspersonal: Schwestern aus dem Mutterhause in Oberbronn.

Aufgenommen werden katholische Kinder vom 3. Lebensjahre bis zur Beendigung des werktagsschulpflichtigen Alters.

Pflegegeld jährlich 120 Mk., für die erste Ausstattung gegebenenfalls 18 Mk.

Die Kinder besuchen die Volksschule; die Anstalt sorgt für ein Unterkommen bei der Entlassung und bleibt mit den Entlassenen in Verbindung.

IV. Regierungsbezirk Oberpfalz und Regensburg.

Stadtbezirk Regensburg.

20. **Kind-Jesu-Anstalt in Regensburg,** dem Kind-Jesu-Verein e. V. gehörig, verwaltet von der Vorstandschaft des Vereins; Erziehungspersonal: 6 Schwestern vom hl. Vinzenz von Paul.

Aufgenommen werden katholische Mädchen vom 3. bis zum 9. Lebensjahre, welche der Diözese Regensburg angehören, gesund, ohne besondere körperliche Gebrechen und ohne grobe sittliche Vergehen sind.

Pflegegeld jährlich 150 Mk. in vierteljährigen oder monatlichen Raten; 25 Mk. für die erste Ausstattung.

Die Mädchen besuchen die Volksschule; die Anstalt sorgt für ein Unterkommen bei der Entlassung und bleibt mit den Entlassenen in Verbindung.

Amtsbezirk Burglengenfeld.

*21. **Kinder- und Krankenhausanstalt zu Kallmünz,** mit 19,244 ha Grundbesitz, der gleichnamigen Stiftung gehörig, verwaltet von dem Pfarrer, dem Benefiziaten und dem Bürgermeister; Erziehungspersonal: Arme Franziskanerinnen von Mallersdorf.

Aufgenommen werden katholische Kinder vom 3. bis zum 11. Lebensjahre, welche frei von ansteckenden Krankheiten, Epilepsie und das Zusammenleben hindernden Gebrechen sind.

Pflegegeld jährlich 150 Mk. in 2—3 Raten; 25 Mk. für die erste Ausstattung.

Die Anstalt besorgt den Unterricht; sie sorgt thunlichst für ein Unterkommen nach der Entlassung und bleibt mit den Entlassenen in Verbindung.

*22. **Kreisrettungsanstalt Burglengenfeld,** mit 6,129 ha Grundbesitz, der Kreisgemeinde gehörig, von einem durch die K. Regierung aufgestellten Vorstande verwaltet, welchem die erforderliche Anzahl von Gehilfen beigegeben wird.

Aufgenommen werden katholische Knaben vom 6. bis zum 12. Lebensjahre, welche im Kreise beheimatet, nach ärztlichem Zeugnisse geistig und körperlich vollständig gesund und mit keinem ansteckenden oder abschreckenden Gebrechen behaftet sind. Entlassung regelmäßig mit zurückgelegtem 14. Lebensjahre.

Pflegegeld jährlich 102 Mk. 86 Pfg., für die auf Kosten eines Beteiligten untergebrachten Knaben 125 Mk., in 4 Raten; 40 Mk. für die erste Ausstattung.

Die Knaben besuchen die Volksschule; die Anstalt sorgt für ein Unterkommen bei der Entlassung und beibt mit den Entlassenen in Verbindung.

*23. **Rettungs- und Besserungsanstalt Ettmannsdorf,** mit 25,014 ha Grundbesitz, dem Kloster vom Guten Hirten in Ettmannsdorf bei Schwandorf gehörig, verwaltet von der Ordensoberin; Erziehungspersonal: Frauen vom Guten Hirten.

Aufgenommen werden katholische Mädchen vom 6. bis zum

21. Lebensjahre; ausgeschlossen blödsinnige, krüppelhafte, epileptische oder mit ansteckenden Krankheiten behaftete Mädchen.

Pflegegeld jährlich 130 Mk. in vierteljährigen Raten, Kosten für Arzt und Apotheke; 35 Mk. für die erste Ausstattung, 30 Mk. für eine Ausstattung beim Austritt, Vergütung der Reisekosten.

Die Anstalt besorgt den Unterricht; sie sorgt bei der Entlassung für ein Unterkommen und bleibt mit den Entlassenen in Verbindung.

Amtsbezirk Stadtamhof.

*24. **Dechant Wisersche Erziehungsanstalt für arme Kinder in Regenstauf,** mit 49,243 ha Grundbesitz, der Gemeinde Regenstauf gehörig, verwaltet von einem Verwaltungsrat; Erziehungspersonal: Arme Franziskanerinnen von Mallersdorf.

Aufgenommen werden katholische Knaben vom 2. bis zum 14., katholische Mädchen vom 2. bis zum 16. Lebensjahre; Bedingung: Heimat im Amtsbezirke Stadtamhof, Freiheit von körperlichen Gebrechen.

Pflegegeld jährlich 120 Mk. in 2 Raten; 30 Mk. für die erste Ausstattung.

Die Kinder besuchen die Volksschule; die Anstalt sorgt für ein Unterkommen bei der Entlassung und bleibt mit den Entlassenen in Verbindung.

V. Regierungsbezirk Oberfranken.

Stadtbezirk Bamberg.

*25. **Sct. Josephsanstalt in Bamberg,** dem Taubstummenverein in Bamberg gehörig, verwaltet vom Vorstande des Vereins; Erziehungspersonal: Niederbronner Schwestern.

Aufgenommen werden katholische Knaben vom 6. bis zum 13. Lebensjahre, welche sich für eine Rettungsanstalt eignen, zunächst solche aus Oberfranken.

Pflegegeld jährlich 150 Mk. in vierteljährigen Raten; 30 Mk. für die erste Ausstattung.

Die Knaben besuchen die Volksschule; die Anstalt sorgt thunlichst für ein Unterkommen bei der Entlassung und bleibt mit den Entlassenen in Verbindung.

Stadtbezirk Bayreuth.

26. **Jean-Paul-Stift Bayreuth,** mit 6,508 ha Grundbesitz, dem Jean-Paul-Verein Bayreuth gehörig, verwaltet vom Vorstand des Vereins: Erziehungspersonal: die Hauseltern.

Aufgenommen werden evangelische Kinder vom 6. bis zum 11. Lebensjahre, welche dem Stadt- oder Amtsbezirk Bayreuth angehören und von ansteckenden oder die Bildungsfähigkeit ausschließenden Krankheiten frei sind. Zustimmung der Verwaltung für jeden einzelnen Fall vorbehalten.

Pflegegeld jährlich 120 Mk. in 2 Raten, 25 Mk. für die erste Ausstattung; Kinder aus der Stadt Bayreuth werden unentgeltlich oder gegen ermäßigtes Pflegegeld aufgenommen.

Die Kinder besuchen die Volksschule; die Anstalt sorgt für dieselben nach ihrem Ermessen bei und nach der Entlassung.

Amtsbezirk Hof.

*27. **Rettungshaus Marienberg in Schwarzenbach a. S.**, der gleichnamigen Stiftung gehörig, verwaltet vom Verwaltungsausschuß; Erziehungspersonal: Hauseltern unter Oberleitung des I. Inspektors.

Aufgenommen werden Kinder vom 5. bis zum 11., ausnahmsweise auch schon vor dem 5. Lebensjahre, welche nicht die Gesundheit der Mitzöglinge gefährden und den Hauseltern durch ihre Pflege nicht eine außerordentliche Last verursachen; Kinder protestantischer Konfession, sowie Kinder aus Schwarzenbach a. S. erhalten den Vorzug.

Pflegegeld jährlich 120 Mk. in 2 Raten, 3 Mk. Schulgeld; die notwendigsten Kleider, sowie Schulbücher sind mitzubringen.

Die Kinder besuchen die Volksschule; die Anstalt sorgt für ein Unterkommen bei der Entlassung und bleibt mit den Entlassenen in Verbindung.

Amtsbezirk Lichtenfels.

*28. **Rettungsanstalt für verwahrloste Kinder in Fassoldshof**, mit 5 ha Grundbesitz, verwaltet vom Pfarrer in Schwarzach und einem Verwaltungsausschuß; Erziehungspersonal: Hauseltern und Gehilfen.

Aufgenommen werden evangelische Kinder vom 5. bis zum 14. Lebensjahre, welche frei von ansteckenden Krankheiten sind und mindestens ein Jahr in der Anstalt verbleiben; Entlassung mit der Konfirmation.

Pflegegeld jährlich 120 Mk. in 4 Raten, Kosten für Arzt und Apotheke; 30 Mk. für die erste Ausstattung.

Die Anstalt besorgt den Unterricht; sie sorgt thunlichst für ein Unterkommen bei der Entlassung und bleibt mit den Entlassenen in Verbindung.

Amtsbezirk Münchberg.

*29. **Waisenhaus Dr. Martin Luther-Stift in Münchberg**, der Stadtgemeinde Münchberg gehörig, verwaltet von einem Verwaltungsrate; Erziehungspersonal: Schwestern aus dem Augsburger Diakonissenhaus.

Aufgenommen werden evangelisch-lutherische Kinder, welche körperlich gesund, vollsinnig und sittlich normal sind und der Erziehung keine besonderen Schwierigkeiten entgegensetzen; Knaben nur bis zur erfolgten Konfirmation.

Pflegegeld 120 Mk. in vierteljährigen Raten, Schulgeld, Heilmittelkosten; die erste Ausstattung ist mitzubringen, Konfirmationsanzug zu beschaffen.

Die Kinder besuchen die Volksschule; die Anstalt sorgt thunlichst für ein Unterkommen bei der Entlassung.

Amtsbezirk Naila.

*30. **Rettungsanstalt Martinsberg bei Naila**, mit 9,618 ha Grundbesitz, der gleichnamigen Stiftung gehörig, verwaltet von einem Komitee mit dem Ortsgeistlichen an der Spitze; Erziehungspersonal: Hauseltern mit Gehilfen.

Aufgenommen werden protestantische Kinder vom 6. bis zum 14. Lebensjahre, welche ohne schwere Verfehlungen, sowie frei von ansteckenden Krankheiten und solchen Leiden sind, die eine Unterbringung in besonderen Anstalten angezeigt erscheinen lassen.

Pflegegeld jährlich 120 Mk. und 6 Mk. Kleidungsbeitrag; erste Ausstattung mitzubringen oder mit 40 Mk. zu vergüten.

Die Kinder besuchen die Volksschule; die Anstalt sorgt thunlichst für ein Unterkommen bei der Entlassung und bleibt mit den Entlassenen in Verbindung.

Amtsbezirk Wunsiedel.

31. Rettungsanstalt für verwahrloste Kinder in Wunsiedel, der Stadtgemeinde Wunsiedel gehörig, verwaltet vom Armenpflegschaftsrat; Erziehungspersonal: Hausmutter.

Aufgenommen werden protestantische Kinder vom 6. bis zum 14. Lebensjahre, welche im Distrikt Wunsiedel beheimatet und frei von körperlichen Gebrechen sind, keine strafbare Handlung begangen haben und der Zwangserziehung nach Art. 1 Ziff. 1 des Gesetzes überwiesen werden.

Pflegegeld jährlich 120 Mk. in 2 Raten; 2 Anzüge mitzubringen oder mit 35 Mk. zu vergüten.

Die Kinder besuchen die Volksschule; die Anstalt sorgt thunlichst für ein Unterkommen bei der Entlassung.

VI. Regierungsbezirk Mittelfranken.

Stadtbezirk Ansbach.

***32. Rettungsanstalt Ansbach,** dem Verein „Rettungsanstalt Ansbach e. V." gehörig, verwaltet vom Vereinsvorstand; Erziehungspersonal: Diakonissen unter Leitung von Vorstandsmitgliedern.

Aufgenommen werden Kinder vom 6. bis zum 14. Lebensjahre (vorzugsweise Mädchen, Knaben nur im werktagsschulpflichtigen Alter), welche sittlich gefährdet oder verwahrlost sind, zunächst solche aus Ansbach und Umgebung; nichtevangelische Kinder grundsätzlich nicht ausgeschlossen, dagegen regelmäßig solche mit körperlichen Gebrechen.

Pflegegeld jährlich 150 Mk., vierteljährig vorauszahlbar; 40 Mk. für die erste Ausstattung.

Die Kinder besuchen die Volksschule; die Anstalt sorgt thunlichst für ein Unterkommen bei der Entlassung und bleibt mit den Entlassenen in Verbindung.

Stadtbezirk Eichstätt.

***33. Städtisches Waisenhaus Eichstätt,** der Waisenhausstiftung Eichstätt gehörig, verwaltet vom Stadtmagistrat; Erziehungspersonal: Arme Franziskanerinnen von Mallersdorf.

Aufgenommen werden katholische Kinder vom 4. bis zum 14. Lebensjahre, welche in Eichstätt beheimatet, unbestraft und nach bezirksärztlichem Zeugnis frei von ansteckenden Krankheiten sind.

Pflegegeld jährlich 192 Mk. in Monatsraten; 30 Mk. für die erste Ausstattung.

Die Kinder besuchen die öffentlichen Schulen; die Anstalt sorgt für ein Unterkommen bei der Entlassung und bleibt mit den Entlassenen in Verbindung.

***34. Marienhaus Eichstätt,** bischöfliche Anstalt, verwaltet vom St. Johanniszweigverein Eichstätt; Erziehungspersonal: Arme Franziskanerinnen von Mallersdorf.

Aufgenommen werden katholische Mädchen vom 4. bis zum 16. Lebensjahre, welche nach bezirksärztlichem Zeugnis keine ansteckende Krankheit haben, in sittenpolizeilicher Hinsicht unbestraft und nicht derart krüppelhaft sind, daß eine eigene Hilfsperson notwendig ist.

Pflegegeld jährlich 120 Mk. in Monatsraten; 10 Mk. für die erste Ausstattung.

Die Kinder besuchen die Volksschule; die Anstalt sorgt für ein Unterkommen bei der Entlassung und bleibt mit den Entlassenen in Verbindung.

Amtsbezirk Ansbach.

***35. Magdalenium Neuendettelsau, Abteilung Rettungsanstalt,** der Diakonissenanstalt Neuendettelsau gehörig, verwaltet von einem Rektor, einem Konrektor und der Oberin; Erziehungspersonal: Diakonissenschwestern.

Aufgenommen werden evangelische Mädchen vom 6. bis zum 18. Lebensjahre, vorzugsweise aus Mittelfranken; ausgeschlossen Idioten, Krüppelhafte, mit ansteckenden Krankheiten Behaftete.

Pflegegeld jährlich 160 Mk. in 4 Raten; bei Unterbringung durch das Vormundschaftsgericht besondere Regelung vorbehalten.

Die Anstalt besorgt den Unterricht; sie sorgt thunlichst für ein Unterkommen bei der Entlassung und bleibt mit den Entlassenen in Verbindung.

Amtsbezirk Erlangen.

***36. Rettungshaus Buckenhof,** mit 9,250 ha Grundbesitz, dem Kinderrettungsverein Erlangen (Zweigverein des St. Johannisvereins) gehörig, verwaltet von einem Komitee; Erziehungspersonal: Hauseltern mit Gehilfen.

Aufgenommen werden evangelische (protestantische) Kinder vom 7. bis zum 14. Lebensjahre, welche die bayerische Staatsangehörigkeit besitzen und körperlich gesund sind.

Pflegegeld jährlich 150 Mk. in vierteljährigen Raten, 40 Mk. für die erste Ausstattung.

Die Anstalt besorgt den Unterricht; sie sorgt bei der Entlassung für ein Unterkommen und bleibt mit den Entlassenen in Verbindung.

Amtsbezirk Gunzenhausen.

***37. Rettungsanstalt Gunzenhausen,** dem St. Johannis-Zweigverein Gunzenhausen gehörig, verwaltet von demselben; Erziehungspersonal: Hauseltern.

Aufgenommen werden evangelisch-lutherische Kinder vom 6. bis zum 13. Lebensjahre, vorzugsweise aus den Distrikten Gunzenhausen und Heidenheim; Verbleib bis zur Konfirmation bezw. Entlassung aus der Werktagsschule.

Pflegegeld jährlich 180 Mk. in halbjährigen Raten; erste Ausstattung mitzubringen oder entsprechende Vergütung.

Die Kinder besuchen die Volksschule; die Anstalt sorgt thunlichst für ein Unterkommen bei der Entlassung und bleibt mit den Entlassenen in Verbindung.

Amtsbezirk Hilpoltstein.

***38. Distriktsrettungsanstalt Hilpoltstein,** dem St. Johannis-Zweigverein Hilpoltstein gehörig, verwaltet von dessen Vorstandschaft; Erziehungspersonal: Niederbronner Schwestern.

Aufgenommen werden katholische Mädchen vom 2. bis zum 14. Lebensjahre, welche weder mit ekelhaften oder abschreckenden Krankheiten behaftet, noch wegen Unsittlichkeit bestraft sind.

Pflegegeld jährlich 120 Mk., in 2—4 Raten vorauszahlbar; 10 Mk. für die erste Ausstattung; ärztliche Hilfe und Heilmittel in außergewöhnlichen Fällen.

Die Kinder besuchen die Volksschule; die Anstalt sorgt thunlichst für ein Unterkommen bei der Entlassung und bleibt mit dem Entlassenen in Verbindung.

Amtsbezirk Nürnberg.

***39. Rettungshaus Altdorf,** dem lutherischen Hilfsverein für weibliche Diakonie gehörig, verwaltet vom Vorstand desselben; Erziehungspersonal: Diakonissen von Neuendettelsau.

Aufgenommen werden protestantische, unter Umständen auch katholische Kinder im Alter von 1½ bis 14 Jahren, welche frei von ansteckenden Krankheiten und sonstigen Gefährlichkeiten für Mitzöglinge sind; Distriktsangehörige haben den Vorzug, jedoch nicht vor taubstummen Kindern.

Pflegegeld jährlich 170—200 Mk.

Die Kinder besuchen die Volksschule bezw. die Taubstummenschule in Altdorf; die Anstalt sorgt thunlichst für ein Unterkommen bei der Entlassung und bleibt mit den Entlassenen in Verbindung.

Amtsbezirk Rothenburg o. T.

***40. Rettungshaus Elisenstift in Schillingsfürst**, der Rettungshausstiftung gehörig, verwaltet vom Ausschuß (Vorstand der Ortspfarrer von Frankenheim); Erziehungspersonal: Diakonissen von Neuendettelsau.

Aufgenommen werden evangelisch-lutherische Mädchen von 6. bis zum 16., ausnahmsweise vom 3. bis zum 18. Lebensjahre, welche bildungsfähig, frei von ansteckenden, ekelerregenden Krankheiten und nicht von schlimmen Einfluß auf Mitzöglinge sind, vorzugsweise aus Schillingsfürst und ehemals Hohenloheschen Orten.

Pflegegeld jährlich 150 Mk., in 2 oder 4 Raten vorauszahlbar; 30 Mk. für die erste Ausstattung, 25 Mk. zur Aussteuer bei der Konfirmation.

Die Mädchen besuchen die Volksschule; die Anstalt sorgt für ein Unterkommen bei der Entlassung und bleibt mit den Entlassenen in Verbindung.

Amtsbezirk Scheinfeld.

41. Philipp Stöhrsche Rettungsanstalt in Iphofen, der gleichnamigen Stiftung gehörig, verwaltet vom Stadtmagistrat Iphofen; Erziehungspersonal: Arme Franziskanerinnen von Mallersdorf.

Aufgenommen werden katholische und protestantische Kinder vom 2. bis zum 14. Lebensjahre, welche die Heimat in Iphofen besitzen und verwahrlost sind oder der Verwahrlosung entgegengehen.

Pflegegeld jährlich 108 Mk.

Die Kinder besuchen die Volksschule; die Anstalt sorgt für ein Unterkommen bei der Entlassung und bleibt mit den Entlassenen in Verbindung.

VII. Regierungsbezirk Unterfranken und Aschaffenburg.

Stadtbezirk Aschaffenburg.

*42. **Knabenwaisenhaus St. Johannispflege**, dem St. Johanniszweigverein Aschaffenburg e. V. gehörig, verwaltet vom Vorstande des Vereins; Erziehungspersonal: Hauseltern, 1 Hilfslehrer.

Aufgenommen werden katholische Knaben vom 5. bis zum 12. Lebensjahre aus Unterfranken, zunächst aus Aschaffenburg und den umliegenden Amtsbezirken.

Pflegegeld 180 Mk. in 4 Raten, Sorge bei schwereren oder über 1 Monat dauernden Erkrankungen; 35 Mk. für die erste Ausstattung.

Die Anstalt besorgt den Unterricht; sie sorgt bei der Entlassung für ein Unterkommen und bleibt mit dem Entlassenen in Verbindung.

Stadtbezirk Würzburg.

43. **Vincentinum**, dem Vereine Vincentinum e. V. in Würzburg gehörig, verwaltet vom Vorstand des Vereins; Erziehungspersonal: 1 Lehrer, 6 Barmherzige Schwestern.

Aufgenommen werden katholische Knaben vom 4. bis zum 13. Lebensjahre, welche verwaist oder der Verwahrlosung ausgesetzt sind, zunächst aus Unterfranken.

Pflegegeld jährlich 180 Mk. in 12 Raten; bei ganz bedürftigen Gemeinden und bei Aufnahme von Brüdern 30–40 Mk. Ermäßigung.

Die Anstalt besorgt den Unterricht; sie sorgt thunlichst für ein Unterkommen bei der Entlassung und bleibt mit dem Entlassenen in Verbindung.

*44. **Rettungsanstalt des St. Elisabethen-Vereins Würzburg**, verwaltet von der Vorstandschaft des Vereins; Erziehungspersonal: Franziskanerinnen aus dem Kloster Maria Stern in Augsburg.

Aufgenommen werden katholische Mädchen vom 4. bis zum vollendeten 16. Lebensjahre, welche frei von körperlichen Gebrechen und groben sittlichen Vergehungen sind.

Pflegegeld jährlich 180 Mk.; bei armen Gemeinden Ermäßigung

Die Anstalt besorgt den Unterricht; sie sorgt bei der Entlassung für ein Unterkommen und bleibt mit den Entlassenen in Verbindung.

*45. **Evangelische Kinderpflege**, der evangelischen Kirchengemeinde gehörig, verwaltet vom K. prot. III. Pfarrer; Erziehungspersonal: Diakonissen von Neuendettelsau.

Aufgenommen werden evangelische Kinder vom 6. Lebensjahre an, unter Umständen auch früher, Knaben bis zum 14., Mädchen bis zum 16. Lebensjahre, allgemein nur unter den Voraussetzungen des Art. 1 Ziff. 1 des Zwangserziehungsgesetzes.

Pflegegeld 140 Mk., vierteljährig oder monatlich vorauszahlbar; 2 Anzüge und entsprechende Wäsche sind mitzubringen.

Die Kinder besuchen die Volksschule; die Anstalt sorgt thunlichst für ein Unterkommen bei der Entlassung und bleibt mit den Entlassenen in Verbindung.

Amtsbezirk Alzenau.

***46. Rettungsanstalt Ernstkirchen,** Stiftung, verwaltet vom Pfarramt Ernstkirchen; Erziehungspersonal: Arme Schulschwestern de Notre Dame.

Aufgenommen werden katholische Mädchen vom 4. bis zum 16. Lebensjahre (ausnahmsweise auch ältere), welche körperlich gesund, unbestraft und nicht so verdorben sind, daß sie die übrigen gefährden; Probezeit und Entlassung Ungeeigneter vorbehalten.

Pflegegeld jährlich 90 Mk.; 20 Mk. für die erste Ausstattung.

Die Mädchen besuchen die Volksschule; die Anstalt sorgt für ein Unterkommen bei der Entlassung und bleibt mit den Entlassenen in Verbindung.

Amtsbezirk Brückenau.

***47. Rettungsanstalt Volkersberg,** mit 2,075 ha Grundbesitz, der Distriktsgemeinde Brückenau gehörig, verwaltet vom K. Bezirksamt; Erziehungspersonal: Arme Schulschwestern (Mutterhaus München).

Aufgenommen werden katholische Mädchen vom 6. bis zum 16. Lebensjahre, welche der Verwahrlosung ausgesetzt, jedoch unbestraft sind, vorzugsweise aus dem Amtsbezirke Brückenau.

Pflegegeld jährlich 200 Mk.

Die Anstalt besorgt den Unterricht, sie sorgt bei der Entlassung für ein Unterkommen und bleibt mit den Entlassenen in Verbindung.

Amtsbezirk Haßfurt.

48. Kinderasyl Eltmann, dem St. Johannis-Zweigverein Eltmann gehörig, verwaltet vom Ausschuß des Vereins; Erziehungspersonal: 2 Schwestern vom Orden des Göttlichen Erlösers in Würzburg.

Aufgenommen werden katholische Kinder vom 4. bis zum 12. Lebensjahre, welche in den Distrikten Haßfurt und Eltmann die Heimat besitzen und gesund sind, ausschließlich im Falle des Art. 1 Ziff. 1 des Zwangserziehungsgesetzes und nur dann, wenn keine Gefahr besteht, daß die übrigen Kinder verdorben werden. Entlassung mit vollendeter Werktagsschulpflicht, bei Mädchen mit vollendeter Feiertagsschulpflicht.

Pflegegeld jährlich 50 Mk. vorauszahlbar; 10 Mk. für die erste Ausstattung.

Die Kinder besuchen die Volksschule; die Anstalt sorgt für ein Unterkommen bei der Entlassung.

Amtsbezirk Karlstadt.

***49. Blatterspielsche Knabenrettungsanstalt in Karlstadt a. M.**, mit 6,2 ha Grundbesitz, bischöfliche Anstalt mit örtlicher Vorstandschaft; Erziehungspersonal: Franziskanerinnen aus dem Kloster Maria Stern in Augsburg.

Aufgenommen werden katholische Knaben vom 3. bis zum 14. Lebensjahre, welche in Bayern, vorzugsweise in Unterfranken, beheimatet sind und keine das Zusammenleben erschwerenden Gebrechen haben.

Pflegegeld jährlich 150 Mk. in vierteljährigen Raten; 20 Mk. für die erste Ausstattung.

Die Anstalt besorgt den Unterricht; sie sorgt thunlichst für ein Unterkommen bei der Entlassung und bleibt mit den Entlassenen in Verbindung.

Amtsbezirk Kissingen.

***50. St. Marienpflege Klosterhausen**, mit 4,34 ha Grundbesitz, der Distriktsgemeinde Kissingen gehörig, verwaltet von einem Verwaltungsrat in Kissingen; Erziehungspersonal: 7 Schwestern aus dem Orden Maria Stern in Augsburg.

Aufgenommen werden katholische Mädchen vom 5. bis zum 10. Lebensjahre, welche körperlich und geistig gesund sind, nachträgliche Zustimmung der Distriktsvertretung vorbehalten.

Pflegegeld jährlich 120 Mk., vierteljährig vorauszahlbar; mitzubringen 2 vollständige, in gutem reinlichem Zustand befindliche Anzüge, 4 brauchbare Hemden (davon 2 neue).

Die Anstalt besorgt den Unterricht; sie sorgt für ein Unterkommen bei der Entlassung und bleibt mit den Entlassenen in Verbindung.

Amtsbezirk Lohr.

***51. Weibliche Erziehungsanstalt Rothenbuch**, mit 3,178 ha Grundbesitz, dem St. Johannis-Zweigverein Aschaffenburg e. V. gehörig, verwaltet vom Vorstand des Vereins; Erziehungspersonal: Franziskanerinnen von Maria Stern in Augsburg.

Aufgenommen werden katholische Mädchen vom 5. bis zum 12. Lebensjahre aus Unterfranken, zunächst aus dem Spessart.

Pflegegeld 180 Mk. in 4 Raten; Sorge bei schwereren oder über 1 Monat dauernden Erkrankungen; 35 Mk. für die erste Ausstattung.

Die Mädchen besuchen die Volksschule; die Anstalt sorgt für ein Unterkommen bei der Entlassung und bleibt mit den Entlassenen in Verbindung.

Amtsbezirk Obernburg.

***52. Waisen- und Rettungsanstalt Wörth a. M.**, mit 1,75 ha Grundbesitz, dem St. Johannis-Zweigverein Wörth a. M. gehörig, verwaltet vom Ausschuß des Vereins; Erziehungspersonal: Arme Schulschwestern.

Aufgenommen werden katholische Mädchen vom 3. bis zum 12. Lebensjahre, welche bildungsfähig, unbestraft und frei von körperlichen Gebrechen sind.

Pflegegeld jährlich 140 Mk. in 4 Raten; 50 Mk. für die erste Ausstattung.

In der Anstalt besteht eine Volksschule; die Anstalt sorgt für ein Unterkommen bei der Entlassung und bleibt mit den Entlassenen in Verbindung.

VIII. Regierungsbezirk Schwaben und Neuburg.

Stadtbezirk Augsburg.

*53. **St. Anna- und Josephsanstalt in Augsburg**, dem Kloster der Franziskanerinnen bei St. Maria Stern gehörig, verwaltet von der Oberin; Erziehungspersonal: Klosterfrauen.

Aufgenommen werden katholische Mädchen vom 3. bis zum 16. Lebensjahre, welche unbestraft und frei von ekelerregenden oder abstoßenden körperlichen Gebrechen sind.

Pflegegeld jährlich 120—180 Mk., je nach dem Alter, in vierteljährigen Raten nebst 10 Mk. Kleidungsbeitrag; 25 Mk. für die erste Ausstattung.

Die Mädchen besuchen die Volksschule; die Anstalt sorgt thunlichst für ein Unterkommen nach der Entlassung und bleibt mit den Entlassenen in Verbindung.

Stadtbezirk Kempten.

54. **Katholisches Waisenhaus in Kempten**, der katholischen Waisenhausstiftung gehörig, verwaltet vom Stadtmagistrat durch einen Verwaltungsrat; Erziehungspersonal: Klosterfrauen unter einer Lokaloberin, 1 Knabenaufseher.

Es können untergebracht werden katholische Kinder vom 5. bis zum 14. Lebensjahre, welche in Kempten beheimatet und frei von körperlichen, geistigen oder sittlichen Gebrechen sind, die das Zusammenleben erschweren; Fälle nach Art. 1 Ziff. 2 des Zwangserziehungsgesetzes regelmäßig ausgeschlossen.

Pflegegeld jährlich 200 Mk. in vierteljährigen Raten, Kosten für Heilmittel; bis zu 20 Mk. für die erste Ausstattung.

Die Kinder besuchen die Volksschule; die Anstalt sorgt thunlichst für ein Unterkommen bei der Entlassung.

55. **Protestantisches Waisenhaus in Kempten**, der protestantischen Waisenhausstiftung gehörig, verwaltet vom Stadtmagistrat durch einen Verwaltungsrat: Erziehungspersonal: 1 Waisenmutter.

Es können untergebracht werden evangelische Kinder vom 5. bis zum 14. Lebensjahre, welche in Kempten beheimatet und frei von körperlichen, geistigen oder sittlichen Gebrechen sind, die das Zusammenleben erschweren; Fälle nach Art. 1 Ziff. 2 des Zwangserziehungsgesetzes regelmäßig ausgeschlossen.

Pflegegeld jährlich 200 Mk. in vierteljährigen Raten, Kosten für Heilmittel, bis zu 20 Mk. für die erste Ausstattung.

Die Kinder besuchen die Volksschule; die Anstalt sorgt thunlichst für ein Unterkommen bei der Entlassung.

56. **Pflegeanstalt des Sct. Johannis-Zweigvereins, prot. Sektion, in Kempten,** verwaltet vom Ausschusse des Vereins; Erziehungspersonal: Diakonissen von Neuendettelsau.

Aufgenommen werden evangelische Kinder vom 2. bis zum 14. Lebensjahre, welche sich bezüglich ihrer körperlichen Eigenschaften zum Zusammenleben mit anderen Kindern eignen, nicht schon verwahrlost oder sittlich verdorben sind. Die Heimatverhältnisse sind klarzustellen.

Pflegegeld jährlich 120—168 Mk. je nach dem Alter; bis zu 20 Mk. für die erste Ausstattung.

Die Kinder besuchen die Volksschule.

Stadtbezirk Lindau.

*57. **Verein für Kindererziehung in Lindau**, verwaltet von einem Vorstand; Erziehungspersonal: 1 Hausmutter.

Aufgenommen werden Kinder vom 5. bis zum 14. Lebensjahr, welche in Lindau beheimatet, körperlich gesund und bildungsfähig sind und der Zwangserziehung nach Art. 1 Ziff. 1 des Gesetzes überwiesen werden.

Pflegegeld jährlich 200 Mk. in vierteljährigen Raten; 20 Mk. für die erste Ausstattung.

Die Kinder besuchen die Volksschule; die Anstalt sorgt thunlichst für ein Unterkommen bei der Entlassung und bleibt mit den Entlassenen in Verbindung.

Amtsbezirk Donauwörth.

*58. **(Waisen-)Mädchen-Erziehungsanstalt „Schutzengelhaus Möhren"**, dem St. Johannis-Zweigverein „Schutzengelhaus Möhren" gehörig, verwaltet vom katholischen Pfarrer in Möhren; Erziehungspersonal: 5 Franziskanerinnen von Maria Stern in Augsburg, 2 Kandidatinnen.

Aufgenommen werden katholische Mädchen vom 3. bis zum 16. Lebensjahre, welche ohne körperliche, das Zusammenleben behindernde Gebrechen, unbestraft, nicht ganz sittlich verdorben sind.

Pflegegeld jährlich 120 Mk. in 2 oder 4 Raten, Sorge bei schwereren Erkrankungen; 20 Mk. für die erste Ausstattung.

Die Anstalt besorgt den Unterricht; sie sorgt für ein Unterkommen bei der Entlassung und bleibt mit den Entlassenen in Verbindung.

Amtsbezirk Kempten.

59. **Erziehungsanstalt für arme Mädchen in Lenzfried**, mit 24,189 ha Grundbesitz, dem Orden der Armen Schulschwestern (Mutterhaus München) gehörig, verwaltet von der Oberin in Lenzfried; Erziehungspersonal: Mitglieder des Ordens.

Aufgenommen werden katholische Mädchen vom 5. bis zum 16. Lebensjahre, welche frei von Anstoß erregenden oder besondere Ueberwachung bedingenden körperlichen Gebrechen sind und keine strafbare Handlung begangen haben; bei Gefährdung der Mitzöglinge Entlassung vorbehalten.

Pflegegeld jährlich 140 Mk. in 2 Raten, Arzt- und Apothekerkosten bei längeren Erkrankungen; 25 Mk. für die erste Ausstattung.

In der Anstalt besteht eine Volksschule; die Anstalt sorgt thunlichst für ein Unterkommen bei der Entlassung und bleibt mit den Entlassenen in Verbindung.

Amtsbezirk Mindelheim.

***60. Rettungsanstalt für verwahrloste Mädchen in Wörishofen,** mit 62,601 ha Grundbesitz, dem Kloster der Dominikanerinnen in Wörishofen gehörig, verwaltet von der Priorin des Klosters; Erziehungspersonal: Klosterfrauen.

Aufgenommen werden katholische Mädchen vom 6. (äußersten Falls 5.) bis zum 16. Lebensjahre, welche geistig und körperlich gesund, frei von namhaften körperlichen Gebrechen, in sittlicher Beziehung nicht gefährlich für Mitzöglinge sind.

Pflegegeld jährlich höchstens 172 Mk., Schulmaterialien, ärztliche Behandlung und erste Ausstattung nach Rechnung.

In der Anstalt besteht eine Volksschule; die Anstalt sorgt für ein Unterkommen bei der Entlassung und bleibt mit den Entlassenen in Verbindung.

Amtsbezirk Nördlingen.

***61. Evangelisches Waisenhaus Oettingen,** der evangelischen Waisenhausstiftung gehörig, verwaltet vom protestantischen Stadtpfarrer in Oettingen als Oberinspektor, 1 Mitverwalter und 1 Pfleger; Erziehungspersonal: 1 Lehrer, 1 Hausmutter.

Aufgenommen werden evangelisch-lutherische Kinder vom 6. bis zum 13., Mädchen bis zum 16. Lebensjahre; die Kinder müssen dem Bereiche der ehemaligen beiden Fürstentümer Oettingen angehören oder Regierungsgenehmigung zur Aufnahme haben; Kinder, welche strafbare Handlungen begangen haben oder wegen körperlicher Gebrechen nur in besonderen Anstalten erzogen werden können, sind ausgeschlossen.

Pflegegeld jährlich 156 Mk. in 2 Raten; 30 Mk. für die erste Ausstattung.

Die Anstalt besorgt den Unterricht.

Amtsbezirk Sonthofen.

62. Waisenhaus Immenstadt, den beteiligten Gemeinden gehörig, verwaltet von der Spitalverwaltung Immenstadt; Erziehungspersonal: 1 Barmherzige Schwester, 1 Magd.

Aufgenommen werden katholische Kinder vom 3. bis zum 16. Lebensjahre, welche in den an der Waisenhausstiftung beteiligten Gemeinden heimatberechtigt und zum Zusammenleben mit anderen Kindern körperlich geeignet sind.

Pflegegeld jährlich 170 Mk.; Kleidungskosten und Kurkosten nach Rechnung.

Die Kinder besuchen die Volksschule.

Anlage 3.
(Zu § 36 Abs. 3
der Ausführungsbestimmungen.)

Antrag

(Bezeichnung der Anstalt)

de ....

auf Ueberweisung von Minderjährigen zum Zwecke der Zwangserziehung nach Maßgabe des Gesetzes vom 10. Mai 1902, Ges.- u. Verordn.-Bl. S. 180.

Sitz der Anstalt Anzahl der Plätze Grundbesitz in ha (ausgeschieden nach der Kulturart)	................, Verwaltungsbezirk .... für männliche Zöglinge ......, für weibliche Zöglinge ....
Besitzer der Anstalt Verwaltung der Anstalt Erziehungspersonal	....
Aufnahmebedingungen in Bezug auf persönliche Eigenschaften der Zöglinge (hier kommen unter Umständen auch in Betracht: bestimmte Heimatzuständigkeit, Mangel geistiger oder körperlicher Gebrechen, gerichtlicher Bestrafungen 2c.)	Alter vom ...... bis zum ...... Lebensjahre ...... Glaubensbekenntniß .... Sonstige persönliche Eigenschaften ....
Aufnahmebedingungen in Bezug auf Gegenleistungen	Pflegegeld jährlich .... M., zahlbar in .... Raten. Vergütung für die erste Ausstattung .... M. Sonstige Gegenleistungen ....
Auf welche Weise ist für den Unterricht der Zöglinge gesorgt?	....

Bis zu welchem Alter verbleiben die Zöglinge in der Anstalt?	....
Sorgt die Anstalt für das Unterkommen der Zöglinge bei der Entlassung?	....
Bleibt die Anstalt mit den Entlassenen in Verbindung?	....
Unter welchen Bedingungen ist die Anstalt bereit, Minderjährige zur Zwangserziehung aufzunehmen?	....
Besteht die Bereitwilligkeit auch für den Fall, daß die Zwangserziehung ohne Inanspruchnahme öffentlicher Mittel, auf Kosten eines Beteiligten vom Vormundschaftsgerichte angeordnet wird?	

.... am .... 19.....

Die Verwaltung de..........................

....

Sachregister.

(Die Ziffern bedeuten die Seiten.)

A.

E.

F.

G.

T.

U.

V.

J. Schweitzer Verlag (Arthur Sellier) München

Bayerische Gemeindezeitung.

Organ für alle Gemeindeangelegenheiten des rechts=rhein. Bayern und der Pfalz.

Begründet von Dr. Th. von Hauck, k. Oberstaatsanwalt am Verwaltungsgerichtshofe.
Herausgegeben von **Dr. Gg. Schmidt,** k. Bezirksamts=Assessor,
unter ständiger Mitwirkung von Dr. L. Menzinger, Rechtsrat in München, J. Stelzer, k. Rentamtmann in Klingenberg, K. Meinel, Reg.=Assessor im k. Landes-Versicherungsamt, Th. von der Pfordten, k. Amtsrichter in München.

Organ des Verbandes bayerischer Arbeitsnachweise.

Jährlich 36 Nummern in Quartformat.
Preis jährlich Mk. 8.—. Portofreie Zusendung.

Der Jahrgang XI (1900) gebunden ermäßigt . . . . Mk. 6.—.
Der Jahrgang I (1891) gebunden ermäßigt . . . . Mk. 3.—.
Die Jahrgänge II—X (1892/1901) gebunden ermäßigt à Mk. 1.20.
Die Jahrgänge I—XI (1891/1901) gebunden zusammengenommen Mk. 16.—.

(Ein die ersten 12 Jahrgänge umfassendes Generalregister befindet sich in Vorbereitung.)

Buchert, K., Rat des k. b. Verwaltungsgerichtshofes. Sammlung in der Praxis oft angewandter **Verwaltungsgesetze** nebst einer Anzahl derartiger Verordnungen etc. für das Königreich Bayern. In einem Bande unter Berücksichtigung aller bisherigen Aenderungen nach dem nunmehr gültigen Texte mit Beifügung eines Sachregisters zusammengestellt. gr. 8°. **1200 Seiten.** Elegant in soliden Halbfranzband gebunden **Mk. 9.50.**

Jaeger, Dr. Ernst, ord. Professor in Würzburg. **Das Bürgerliche Gesetzbuch mit Nebengesetzen** und einem Gesammtregister für den praktischen Gebrauch. ☞ Ausgabe für das Königreich Bayern. ☜ 8°. 85 Bog. In Halbfranz geb. **Mk. 10.50.**

Diese Sammlung enthält im Ganzen 51 Gesetze und zeichnet sich durch praktische Anlage, vollständig korrekten Gesetzestext, deutlichen Druck, elegante Ausstattung, handliches Format und außerordentlich billigen Preis aus.

Müller, Dr. G., k. II. Staatsanwalt in München, und **Meikel, G.,** k. II. Staatsanwalt in München. **Das Bürgerliche Recht in seiner neuen Gestaltung.** Systematisch dargestellt und durch Beispiele erläutert. 2 Bände. 8°. (1368 Seiten.) Elegant gebunden **Mk. 15.—.**

Meisner, Chr., Rechtsanwalt in Würzburg. **Das in Bayern geltende Nachbarrecht mit Berücksichtigung des Wasserrechts.** 8°. (21 Bogen.) Brosch. **Mk. 6.—.** In Ganzleinen geb. **7.20.**

Das Werk enthält die gesamten auf das Nachbarrecht bezügl. Vorschriften des Reichs= und Landrechts, soweit dieselben privatrechtlicher Natur sind. Ausgenommen wurde das Recht der Grunddienstbarkeiten, weil es angezeigt erschien, die Bearbeitung dieses Gebietes bis nach Durchführung der Grundbuchanlegung zu verschieben. Es ist in Aussicht genommen, s. Zt. eine gesonderte Bearbeitung dieses Gebietes folgen zu lassen.

J. Schweitzer Verlag (Arthur Sellier) München

Staudinger, Dr. J. v., K. Geheimrat u. Senatspräsident a. D., **Vorträge aus dem Gebiete des Bürgerl. Gesetzbuchs** für Verwaltungsbeamte. gr. 8°. (XII, 616 S.) 1900. In Ganzleinen geb. Mk. **10.50.**

Müller, H., Polizeioffiziant in München, **Die Rechtsverhältnisse des bayerischen Wirthes** auf Grund der Reichs- und bayerischen Landesgesetzgebung sowie der einschlägigen Rechtsprechung, mit einem Anhang: die Münchener Verhältnisse. 8°. (VIII, 187 S.) Kart. Mk. **2.—.**

Oelhafen, S. v., K. Oberamtsrichter in Nürnberg, **Das Dienstbotenwesen in Bayern** nach dem Bürgerlichen Gesetzbuche und dem bayer. Ausführungsgesetze hiezu unter Berücksichtigung der übrigen einschlägigen Gesetze. Mit ausführl. Sachregister. kl. 8°. (XII, 131 S.) 1899. In Ganzl. geb. Mk. **1.50.**

Reuter, Mart., Bezirkstierarzt in Nürnberg, **Die deutsche Viehseuchengesetzgebung nach dem Reichsgesetz** betreffend die Abwehr und Unterdrückung von Viehseuchen in der Fassung des Gesetzes vom 23. Juni 1880 und 1. Mai 1884 nebst der Bundesratsinstruktion, den hiezu erlassenen Vollzugsbestimmungen, dem bayer. und preuß. Milzbrandentschädigungsgesetze und dem Viehseuchen-Uebereinkommen mit Oesterreich-Ungarn. Mit Erläuterungen. 8°. (X, 384 S.) Gebunden Mk. **6.—.**

Full, Dr. G., K. Hofrat und Rechtsanwalt, und

Reuter, M., Bezirkstierarzt, **Die staatl. Viehversicherung in Bayern.** Das bayer. Ges. vom 11. Mai 1896, die Viehversicherungsanstalt betr., nebst dem Normalstatut für die der bayer. Versicherungsanstalt beitr. Ortsversicherungsvereine und hiezu erl. Vollzugsanweisungen und Formularen. Mit Erläuterungen. 8°. (VIII, 256 S.) Kart. Mk. **2.80.**

Reuter, M., Bezirkstierarzt, **Die staatl. Pferdeversicherung in Bayern.** Das bayer. Gesetz vom 15. April 1900, die Pferdeversicherungsanstalt betr., nebst dem Normalstatut f. d. bayer. Pferdeversicherungsanstalt beitretenden Pferdeversicherungsvereine und den hiezu erl. Vollzugsanweisungen und Formularen. 8°. (VIII, 136 S.) Kart. Mk. **1.60.**

Reuter, M., Bezirkstierarzt, **Die Bestimmungen über die bayerische Rindviehzucht.** Kommentar zum Gesetze vom 5. April 1888 betr. die Haltung und Körung der Zuchtstiere nebst Vollzugsbestimmungen ꝛc. 8°. (X, 270 S.) Geb. Mk. **2.—.**

Maenner, K., k. Oberlandesgerichtsrat. **Das Recht der Grundstücke nach dem BGB. und der Grundbuchordnung für das Deutsche Reich.** 8°. (VIII, 408 S.) Broschiert Mk. **9.—,** in Halbfranz geb. Mk. **11.—.**

Das vorliegende Werk enthält mehr, als der Titel sagt: es ist eine vollständig systematische Darstellung des Sachenrechts unter besonders ausführlicher Berücksichtigung des Immobiliarrechts.

J. Schweitzer Verlag (Arthur Sellier) München

Allfeld, Prof. Dr. Ph. Die Strafgesetzgebung des Deutschen Reichs. Sammlung aller Reichsgesetze strafrechtlichen und strafprozessualen Inhalts mit einem Gesammtregister für den akademischen Gebrauch und die Praxis. ☞ **127 Gesetze** ☜ gr. 8°. (VIII, 924 S. und **2 Ergänzungsblätter.**) In Halbfranz geb. Mk. 8.—.

Lass, Dr. jur. Ludw., Kaiserl. Regierungsrat im Reichsversicherungsamt zu Berlin und **Dr. jur. Rud. Maier,** Rechtsanwalt. **Haftpflichtrecht und Reichsversicherungsgesetzgebung.** Zweite nach dem neuesten Stande der Gesetzgebung bearbeitete Auflage. gr. 8°. (XX, 303 S.) Brosch. Mk. 7.20; in Ganzleinen geb. Mk. 8.20.

Oefele, F. X., K. Regierungsrat in Landshut, Vorsitzender des Schiedsgerichts der Arbeiterversicherung für Niederbayern. **Das Gewerbe-Unfallversicherungsgesetz und das Bau-Unfallversicherungsgesetz** nach dem Gesetze betr. die Abänderung der Unfallversicherungsgesetze vom 30. Juni 1900. gr. 8°. (28 Bogen.) In Ganzleinen geb. Mk. 10.—.

Lindner, Franz, k. Oberamtsrichter. **Erläuterungen zur Bayerischen Gemeindeordnung für die Landesteile diesseits des Rheins.** In dritter nach dem neuesten Stande der Gesetzgebung bearbeiteter Auflage mitherausgegeben von **Dr. Thomas von Hauck,** k. Oberstaatsanwalt a. D. am Verw.-Ger.-Hof. gr. 8°. (VII, 642 S.) 1901. Mk. 7.50. In Ganzleinen geb. Mk. 8.50.

Pohl, Karl, Rechtsanwalt u. rechtsk. Bürgermeister a. D., **Handbuch für das Staats- und Verwaltungsrecht für das Königreich Bayern.** Mit besonderer Rücksicht auf die Geschäftsthätigkeit der rechtsrheinischen Gemeindebehörden, sowie auf die einschlägige Litteratur und Rechtsprechung. gr. 8°. (VIII, 616; 753). 1898/1900. 2 Bände. Brosch. Mk. 17.30. In Ganzleinen geb. Mk. 20.—.

Sauer, Karl, k. Landgerichtsrat. **Testamente u. Erbverträge in Bayern** nebst einer kurzen Darstellung des gesetzlichen Erbrechtes, des Pflichtteilsrechtes und Nachlaßverfahrens, sowie einem Anhang enthaltend Muster für Testamente und Erbverträge. 1. Lieferung. 8°. (S. 1—80). Mk. 1.80.

Das 3 Lieferungen, ca. 20 Bogen, umfassende Werk wird schon in wenigen Wochen vollständig vorliegen.

Wirschinger, L. F., k. Bez.-Amtmann a. D., **Das Jagdrecht des Königr. Bayern** für das rechtsrheinische Bayern und die Pfalz systematisch bearbeitet. gr. 8°. (27 Bog.) Geh. Mk. 6.80; in Ganzl. geb. Mk. 8.—.

Wirschinger, L. F., k. Bez.-Amtmann a. D., **Das Radfahrer-Recht** im Königreich Bayern. 1898. Mk. 1.—.

FSC
www.fsc.org
MIX
Papier | Fördert gute Waldnutzung
FSC® C083411

Kolibri 360 GmbH
Ferdinand-Jühlke-Straße 7
99095 Erfurt, Deutschland
produktsicherheit@kolibri360.de